Eigentum, Grundschuld, Eigentümer-Grundschuld

Inaugural-Dissertation

zur

Erlangung der Doktorwürde bei der Juristischen Fakultät der Universität Rostock

eingereicht von

Otto Sachau

Referendar in Gettorf (Schleswig-Holstein).

Berlin 1909.

Druck von Georg Reimer.

Referent: Prof. Dr. Lehmann, Rostock

Inhalt.

§ 1. Das Ziel der vorliegenden Abhandlung ist die Eigentümergrundschuld [1]). Unser Weg führt über das Eigentum und die Grundschuld. Über das Eigentum — denn die EG. [2]) ist der wichtigste Fall der Rechte an eigner Sache; wir müssen daher den Eigentumsbegriff in der Richtung untersuchen, ob neben dem Eigentum ein anderes Recht des Eigentümers an der Sache möglich ist. Über die Grundschuld, denn wenn die Grundschuld ist, was ihr Name zu besagen scheint, nämlich eine Schuld des Grundeigentümers, für welche er nur mit seinem Grund und Boden haftet, so muß die Konstruktion einer Grundschuld an eigener Sache daran scheitern, daß niemand eine Schuld an sich selbst haben kann. Wir werden also zu prüfen haben, ob die Grundschuld in Wirklichkeit eine Schuld enthält und darum notwendigerweise ein ius in re aliena sein muß.

§ 2. In Übereinstimmung [3]) mit der Lehre des gemeinen Rechts wird von der herrschenden Ansicht [4]) auch im modernen Recht das Eigentum nach zwei Eigenschaften charakterisiert: nach der Totalität und der Elastizität. Totalität des Eigentums bedeutet, daß jede Machtausübung, jede Herrschaft einer Person über eine Sache, welche überhaupt gedacht werden kann, im Eigentum enthalten ist.

---

[1]) § 1177 BGB. „Vereinigt sich die Hypothek mit dem Eigentum in einer Person, ohne daß dem Eigentümer auch die Forderung zusteht, so verwandelt sich die Hypothek in eine Grundschuld." Die üblichste Bezeichnung für dies Recht ist die von Dernburg geprägte: „Forderungsentkleidete Eigentümerhypothek." (Dernburg, Bürgerliches Recht. Sachenrecht. 4. Aufl. S. 728).

[2]) EG. = Eigentümergrundschuld.

[3]) Windscheid-Kipp S. 860; Staudinger, Kommentar zum BGB. Sachenrecht. 3./4. Aufl. I zu § 903 I.

[4]) Biermann, Bürgerliches Gesetzbuch. Sachenrecht. 2. Aufl. S. 100; Bruck, Die Eigentümerhypothek. S. 130 fg.; Cosack S. 100 fg.; Crome, Bürgerliches Recht. Band 3. S. 255; Fuchs, Grundbuchrecht. Bd. 1. S. 198, 199; Planck, Bürgerliches Gesetzbuch. Sachenrecht. 3. Aufl. S. 162, 163; Staudinger a. a. O. S. 195; Willenbücher, Das Liegenschaftsrecht im BGB. S. 48.

Inhaltlich übereinstimmend wird das Eigentum als absolute und schrankenlose oder als universelle Macht bezeichnet. Im Gegensatz zu anderen Sachenrechten läßt sich diese Macht nicht in eine Summe von Befugnissen zerlegen. Das Eigentumsrecht ist vielmehr fähig, sich den verschiedensten tatsächlichen Verhältnissen anzupassen, jeden Augenblick neue Befugnisse auszulösen. Für den Eigentumsinhalt ist allein das Belieben des Eigentümers entscheidend [1]).

Mit Eigentumselastizität soll das Verhältnis zwischen dem Eigentum und den Eigentumsbeschränkungen zum Ausdruck gebracht werden. Es gibt zwei Arten von Eigentumsbeschränkungen: dem Eigentümer kann entweder durch das Gesetz selbst ein Teil seiner Machtfülle entzogen sein, oder mit dem Willen des Eigentümers kann ein Teil der im Eigentum enthaltenen Herrschaft über die Sache zum Inhalt des Rechts eines Dritten gemacht und die Geltendmachung des Eigentums entsprechend eingeengt sein. In beiden Fällen ist nach herrschender Ansicht unter Eigentumsbeschränkung aber nicht eine Beschränkung des Rechts selbst, sondern nur eine Beschränkung seiner Ausübung zu verstehen. Dementsprechend ist Eigentumselastizität die Eigenschaft des Eigentums, vermöge der es bei Fortfall einer Beschränkung auch der Ausübung nach wieder zu einem alten Umfang anschwillt, während das Eigentumsrecht selbst weder durch die gesetzliche Eigentumsbeschränkung noch durch das begrenzte ihm entgegentretende Recht eines Dritten irgendwelche Einbuße erlitten hat.

Den Niederschlag dieser Lehre bedeutet § 903 BGB. Der Satz: „Der Eigentümer einer Sache kann mit der Sache nach Belieben verfahren und andere von jeder Einwirkung ausschließen," enthält die Totalität des Eigentums, und in dem Satze: „soweit nicht das Gesetz oder Rechte Dritter entgegenstehen . . . . ." ist der Gedanke enthalten, daß sich das Eigentum ohne weiteres ergänzt, sobald Gesetz und Rechte Dritter nicht mehr entgegenstehen [2]).

Unsere Kritik der herrschenden Eigentumslehre richtet sich in erster Linie gegen ihre Methode der Rechtsfindung. Die herrschende

---

[1]) Die hiermit gekennzeichneten Ansichten werden auch individualistische oder absolutistische Eigentumslehre genannt.

[2]) Bruck a. a. O. S. 132 Anm. 5; Protokolle der 2. Kommission Bd. III S. 120.

Meinung muß zugeben, daß eine privatrechtliche Allmacht, wie sie das Eigentum angeblich darstellt, praktisch unmöglich ist. Sie spricht darum auch nicht schlechthin von schrankenloser Macht, sondern von begrifflicher oder prinzipieller Unbeschränktheit, oder sie bezieht das „absolut" oder „schrankenlos" auf das Eigentum „als solches" oder auf das Eigentum „an sich"[1]). Was heißt aber „Eigentum an sich?". Wie kann ich von einem Recht Begriffe haben, wenn ich zugebe, daß es das Recht nirgends gibt? Rechtsbegriffe werden aus dem Gesetz gewonnen durch gedankenmäßige Zusammenfassung der Befugnisse, mit welchen die Rechtsordnung den Berechtigten ausstattet. Beim Eigentum hat man sich daran gewöhnt, die umgekehrte Methode zu befolgen, den Eigentumsbegriff als gegeben anzusehen und aus ihm die Eigentumsbefugnisse abzuleiten[2]). Darin aber dürfte der Grundfehler der Lehre zu suchen sein. Erst ist die vom Gesetzgeber geschaffene Rechts*befugnis* und dann der Rechts*begriff*. Das Recht „an sich" oder „als solches" ist die platonische Idee des Rechts[3]). Mit einem aus reinster Spekulation gewonnenen Begriff aber ist für die heutige Rechtswissenschaft, eine Wissenschaft des positiven Rechts nichts gewonnen[4]). Es kann nur Rechtsinhalte geben, die auch praktisch verwirklicht werden können. Die gegenteilige Annahme, daß es ein nur in der Vorstellung vorhandenes Universalrecht gebe, bedeutet einen Rückfall in die Lehre der naturrechtlichen Schule des 18. Jahrhunderts[5]). Dort gab es die „Idee des Rechts", d. h. ein Recht, das, in der Vernunft begründet, von den Vorschriften des in stetem Flusse befindlichen positiven Rechts unabhängig ist. Nach richtiger Ansicht ist jeder Rechtsbegriff das Produkt einer historischen Entwicklung; und wenn wir daran gehen, einen Rechtsbegriff aufzusuchen, haben wir die Vorschriften des positiven Rechts zum Ausgangspunkt zu nehmen[6]). Die gemeinrechtliche und die heute herrschende Eigentumslehre hat, wie gesagt, den umgekehrten Weg eingeschlagen. Man nahm den Begriff

---

[1]) *Windscheid* a. a. O. § 167 S. 857.

[2]) *Windscheid* a. a. O. § 167 S. 857 Anm. 2, dagegen *Hartmann* in Ihering's Jahrbuch Band 17. S. 124 fg.

[3]) *Schloßmann* in Ihering's Jahrbuch. Band 45. S. 319 Anm. 1.

[4]) *Gierke*, Deutsches Privatrecht. Sachenrecht. § 120 Anm. 2 S. 348.

[5]) *Ihering*, Zweck im Recht S. 523.

[6]) *Schloßmann* a. a. O. S. 319.

eines Universalrechts als gegeben an. Nun hieß es aber weiter, diesem Recht eine praktisch brauchbare Form zu geben, denn darüber waren Theorie und Gesetzgebung einer Meinung, daß ein Recht, welches sich allein aus der Willkür [1]) oder dem Belieben [2]) des einzelnen Privateigentümers bestimme, schwerlich in den Rahmen einer Rechtsordnung hineinpasse. Zu dem Zweck hat man zweierlei Mittel angewandt: wo das Eigentum allein aus dem Gedanken der individuellen Allgewalt definiert war [3]), nahm der Gesetzgeber nachträglich [4]) einen Teil der Macht zurück; oder aber, es wurden von vornherein die Beschränkungen, welchen das Eigentum unterliegen kann, in die Definition aufgenommen [5]). Soweit nun diese Eigentumsbeschränkungen vom Gesetz selbst ausgehen, beobachten wir die merkwürdige Erscheinung, daß das Gesetz eine unbeschränkte Rechtsmacht zunächst vorsieht, um gleich darauf das „Zuviel" abzustreichen. Was es in dem Satz: „Der Eigentümer kann mit der Sache nach Belieben verfahren und andere von jeder Einwirkung ausschließen" gibt, das nimmt es in dem Nachsatz: „soweit nicht das Gesetz oder Rechte Dritter entgegenstehen" wieder zurück [6]). Das Gesetz statuiert das Recht und stellt dann selbst einen dem eigentlichen Wesen dieses Rechts widersprechenden Zustand her. Die gesetzliche Eigentumsbeschränkung ist gewissermaßen eine Rechtsverletzung durch das Gesetz selbst [7]).

Die bisherige Eigentumslehre kommt ferner in Konflikt mit dem Begriff „Belieben". Das Eigentum nähert sich seiner begrifflichen Vollkommenheit, unter mathematischem Bilde, der Größe „unendlich" in dem Maße, in welchem die gesetzlichen Eigentumsbeschränkungen schwinden; es nähert sich dem Nullpunkte, wenn die gesetzlichen Eigentumsbeschränkungen ihrerseits an Umfang zunehmen. Das erste Extrem entspricht zweifellos der Vorstellung, daß das Eigentum Belieben sei, das zweite Extrem widerspricht ihr m. E.

---

1) E. I. 848, Protokolle S. 120.

2) BGB. § 903.

3) ALR. I 8 § 1, Sächs. Gesetzbuch § 21.

4) ALR. I 8 § 26 Sächs. Gesetzbuch § 222.

5) Bayr. LR. II 2 § 1 BGB. § 903.

6) Schloßmann a. a. O. S. 315.

7) Hartmann a. a. O. S. 131.; Schloßmann a. a. O. S. 319.

ebenso zweifellos; denn wenn die im Eigentum enthaltene Verfügungs- oder Ausschließungsmacht oder auch nur ein Teil derselben vom Gesetz durch Verbote aufgehoben ist, dann ist es mit dem Belieben eben zu Ende. Der herrschenden Meinung muß das Wörtlein „an sich" über diese Klippe helfen. Das Eigentum mag der Ausübung nach auf ein Minimum reduziert sein, das Recht „an sich" ist stets von absolutem und schrankenlosem Umfange. Prüfen wir diesen Satz einmal an einzelnen Beispielen: Eine Eigentumsbeschränkung allgemeinster Art ist das Schikaneverbot. § 226 BGB. Eine andere Eigentumsbeschränkung enthält § 904 BGB. Von den zahlreichen speziell das Grundeigentum betreffenden gesetzlichen Beschränkungen wollen wir § 905 Satz 2 hervorheben: „Der Eigentümer kann ..... Einwirkungen nicht verbieten, die in solcher Höhe oder Tiefe vorgenommen werden, daß er an der Ausschließung kein Interesse hat", ferner § 912: „Hat der Eigentümer eines Grundstücks bei der Errichtung eines Gebäudes über die Grenze gebaut, ohne daß ihm Vorsatz oder grobe Fahrlässigkeit zur Last fällt, so hat der Nachbar den Überbau zu dulden, es sei denn, daß er vor oder sofort nach der Grenzüberschreitung Widerspruch erhoben hat." Von den, dem öffentlichen Rechte angehörenden Eigentumsbeschränkungen sei endlich eine Bestimmung des Rayongesetzes [1]) erwähnt: Im ersten Rayon ist unzulässig ..... Baulichkeiten von anderen Materialien, als von Holz oder einer nach dem Urteil der Militärbehörde leicht zerstörbaren Eisenkonstruktion, Keller- oder mit dem Grund und Boden fest zusammenhängende Feuerungsanlagen usw. Von der Gegenmeinung müßten diese Vorschriften konsequenterweise folgendermaßen interpretiert werden: „An sich" ist der Eigentümer auch zu schikanösem Handeln berechtigt, „an sich" darf er jede Einwirkung verbieten, er dürfte jede noch so tiefliegende Untertunnelung, noch so entfernte Einwirkungen auf die Luftsäule verbieten. Das Eigentum „als solches" gehen Nachbarrecht, Rayongesetz usw. nichts an, denn als reiner Begriff befugt es ja zu allem, was jene Gesetze verbieten. Sie treffen nicht den Kern des Rechts, sie legen vielmehr nur gewisse Eigentumsbefugnisse lahm. Die angeführten Beispiele dürften genügen, um den Widersinn eines begriffsmäßig schrankenlosen,

---

[1]) RG. vom 21. XII. 1871 § 17.

aber praktisch beschränkten Rechts darzutun. Darüber, daß es praktisch kein schrankenloses Recht gibt, kommen wir eben auch damit nicht hinweg, daß wir uns ein Recht der Art denken. Es gibt keine von der Wirklichkeit der Dinge losgelösten Rechtsbegriffe. Nur wo es eine Rechtsordnung und einen Gesetzgeber gibt, da gibt es Rechte. Der Gesetzgeber schafft das Eigentum wie jedes subjektive Recht und ist nicht etwa darauf beschränkt, ein in der Idee vorhandenes Recht einzuengen. Ist aber ein Recht nur in einer Rechtsordnung denkbar, so kann es nicht schrankenlos sein. Das Wesen der Rechtsordnung liegt in der Begrenzung der Machtsphären der ihr unterworfenen Personen. Die Rechtsordnung vertritt das Interesse der Gesamtheit, der Gesellschaft, gegen die Willkür des Individuums[1]). Unbeschränktheit, Willkür oder Belieben haben in einer Rechtsordnung keinen Platz, „die Idee des Eigentums kann nichts mit sich bringen, was mit der Idee der Gesellschaft in Widerspruch steht“[2]). Also ist auch das Eigentum begrenzte Rechtsmacht[3]), und was wir bisher Eigentumsbeschränkungen nannten, sind Eigentumsgrenzen. Die Rechtsordnung erzeugt das Eigentumsrecht, sie steckt dem einzelnen Eigentümer sein Teil ab, und dazu dienen ihr die sogenannten gesetzlichen Eigentumsbeschränkungen. Das Eigentum ist so zwar seiner Universalität entkleidet, immerhin bleibt es das größte unter den Sachenrechten. Bisher stellte man das Eigentum als das unbegrenzte Sachenrecht den begrenzten dinglichen Rechten gegenüber. Diese Unterscheidung fällt jetzt fort. Das Eigentum ist nicht mehr unbegrenzt, es ist nur in anderer Weise als die übrigen dringlichen Rechte begrenzt. Dem Nießbraucher, Servitutsberechtigten usw. ist ein gewisses Maß von Rechtsmacht über eine Sache zugemessen. Bei der Begrenzung des Eigentums verfährt das Gesetz anders: es bestimmt nicht, was der Eigentümer darf, sondern was er nicht darf. Die übrigen Sachenrechte werden begrenzt an dem, was sie gewähren, das Eigentum durch

---

[1]) Ihering a. a. O. S. 518 fg.

[2]) Ihering a. a. O. S. 523.

[3]) Gierke a. a. O. § 120, 5; Endemann, Bürgerliches Recht. 8./9. Aufl. Sachenrecht. § 68, 3. 6; Schloßmann a. a. O. S. 319; Hartmann a. a. O. S. 131.

das, was ihm fehlt. Im Verhältnis zu anderen Sachenrechten ist das Eigentum auch nach der hier vertretenen Auffassung noch unermeßlich, denn innerhalb der gesetzlichen Grenzen befugt es zu jeder Art Herrschaft über die Sache, während die übrigen Sachenrechte eine solche nur in ganz bestimmtem Sinne gewähren. Mißt man aber das Eigentum an einer vorgestellten unendlichen Machtfülle, so zeigen sich seine Grenzen[1]).

§ 3. Das Eigentum wird, wie wir gesehen haben, u. a. dadurch begrenzt, daß unter gewissen Umständen nachbarliche Übergriffe geduldet werden müssen. Hat der Nachbar, ohne grob fahrlässig zu sein, über die Grenze gebaut, der Benachteiligte nicht rechtzeitg widersprochen, so verliert der Benachteiligte das in seinem Eigentum begründete Ausschließungsrecht, soweit es sich gegen den Nachbarn richtet. § 912 BGB. Er bleibt zwar Eigentümer der Bodenfläche, aber sein Eigentum hat von Gesetzes wegen eine Minderung erfahren. Etwas anderes ist die Sachlage dort, wo die Rechtsordnung von vornherein ein Mindereigentum schafft. Dies geschieht z. B. durch das Rayongesetz oder die Bestimmung des § 21 des Preuß. Berggesetzes von 1865, daß die volkswirtschaftlich wichtigsten Mineralien nicht dem Grundeigentum unterliegen sollen. Im Falle des § 912 BGB. besteht zunächst ein umfassendes Eigentum, und es tritt unter den näher bestimmten Voraussetzungen ipso iure eine Minderung des Rechts ein, innerhalb der Rayons oder in mineralhaltigem Gebiet kann überhaupt nur ein Eigentum erworben werden, dem im Vergleich zu sonstigem Eigentum gewisse Funktionen fehlen. Eine begriffliche Verschiedenheit ist indessen hierdurch nicht begründet. Was nach § 912 im konkreten Falle als eine Art Expropriation erscheint, ist in abstracto der Ausdruck einer Grenze des Eigentumsbegriffs. Wenn jeder Eigentümer dieser Expropriation durch seinen Nachbarn ausgesetzt ist, so liegt darin, daß in dem Begriffe des Eigentumsrechts die Befugnis fehlt, Nachbarn, die ohne böse Absicht überbauen, auszuschließen. Mag aber das Eigentum gewisse Befugnisse schlechthin nicht oder nur unter gewissen Voraussetzungen nicht gewähren, so betrifft dieses Manko stets das Recht selbst, den Begriff des Rechts, nicht nur seine Ausübung.

---

[1]) Gierke a. a. O. S. 364, 5.

Bevor wir die begriffliche Begrenztheit des Eigentums für die Konstruktion des Rechts an eigner Sache verwerten, wollen wir einem Einwande begegnen, der an dieser Stelle gemacht werden könnte: Wenn in § 903 BGB. ein Eigentumsbegriff zum Ausdruck kommt, der sich mit dem der gemeinrechtlichen Doktrin deckt[1]), wo ist dann noch Platz für die Annahme, daß in den gesetzlichen Eigentumsbeschränkungen ein anderer Eigentumsbegriff zum Ausdruck komme?

§ 903 enthält zwei Bestandteile, erstens: der Eigentümer kann mit der Sache nach Belieben verfahren und andere von jeder Einwirkung ausschließen; zweitens: er kann es nicht, soweit Gesetz und Rechte Dritter entgegenstehen. Mit diesen beiden Sätzen sollte eine Formel geschaffen werden, in der einerseits möglichst viel von dem, was der Eigentümer mit seiner Sache „tun" kann, enthalten sein sollte, z. B. daß der Eigentümer seine Sache veräußern, bebauen, sich das Betreten seines Grundstücks verbitten kann usw., in der andererseits der Gedanke zum Ausdruck kommen sollte, daß der Eigentümer an ihn gerichtete gesetzliche Gebote und Verbote zu respektieren habe, und, wenn er einem anderen ein Recht an der Sache eingeräumt habe, sich nach Maßgabe dieses Rechts einschränken müsse. Nachdem man, um der Vielseitigkeit des Eigentums gerecht zu werden, von „Belieben" des Eigentümers gesprochen hatte, mußte man sagen, wieweit das Belieben gehen dürfe. Hätte man hierbei die Rechte Dritter aus dem Spiel gelassen[2]), so wäre durch die gesetzlichen Verbote, daß der Eigentümer nicht schikanös handeln, gewisse Einwirkungen dulden müsse usw., eine absolute Grenze für die Machtvollkommenheit des Eigentums geschaffen worden. Dadurch aber, daß man die Möglichkeit einer Beschränkung des Eigentums durch Rechte Dritter, d. h. eine veränderliche Größe in die Definition hineinzog und das Gesetz seiner Wirkung nach diesen Rechten gleich stellte — dadurch verlor der Satz: „soweit nicht Gesetz und Rechte Dritter entgegenstehen" den Charakter einer Abgrenzung, denn nun war das, was die Grenze bilden sollte, selbst unbestimmt. Die Unbekannte: „Eigentümerbelieben" sollte durch die Unbekannte: „Rechte Dritter und gesetzliche Eigentumsbeschränkungen" definiert werden. Man bekam so eine Art Schieberahmen, in den Rechte der ver-

---

[1]) S. 6 der Abhandlung.

[2]) Vergl. hierzu Schloßmann a. a. O. S. 355.

schiedensten Art hineinpassen. Die in § 903 enthaltene Aussage läßt sich nämlich von jedem dinglichen Recht machen. Jeder, der die Sache auch nur im bestimmten Sinne beherrscht, kann mit der Sache nach Belieben verfahren und andere von jeder Einwirkung ausschließen, soweit nicht das Gesetz oder Rechte Dritter entgegenstehen. Berechtigte Dritte sind in diesen Fällen der Eigentümer und vorstehende Realgläubiger [1]).

§ 903 enthält in der Tat die nichtssagende Bestimmung, daß der Eigentümer zu allem berechtigt ist, was ihm nicht untersagt werden kann [2]). Hierin, in der Farblosigkeit von § 903 glauben wir die Berechtigung zu finden, den Eigentumsbegriff anderwärts zu suchen, und daß wir der Eigentumslehre des Bürgerlichen Gesetzbuchs keine Gewalt antun, wenn wir § 903 streichen, mag aus folgenden Notizen, die sich in den Materialien finden, erhellen: „Die einzelnen Befugnisse des Eigentümers würden, auch wenn eine allgemeine Bestimmung fehlte, aus den Vorschriften über den Eigentumsschutz und über die von dem Eigentümer vorzunehmenden Veräußerungsgeschäfte entnommen werden können [3]). „Mit Rücksicht auf die grundlegende Bedeutung des Eigentums für die gesamte Staats- und Gesellschaftsordnung erscheine eine gesetzliche Feststellung des Begriffs und Inhalts des Eigentums, wenn auch nicht unentbehrlich, so doch angemessen" [4]).

Wir knüpfen an dieser Stelle wieder an den Gedanken an, daß das Eigentum begrifflich begrenzt ist. Ist das Eigentum begrenzte Rechtsmacht, so kann der Eigentümer an der eigenen Sache ein zweites Recht haben, das ihm Herrschaftsbefugnisse über die Sache vermittelt, die im Eigentum nicht enthalten sind. Damit fällt das oft gehörte Argument [5]), daß das Recht an eigner Sache

---

[1]) Schloßmann a. a. O. S. 316—317.

[2]) A. M. Endemann a. a. O. S. 438 Anm. 19.

[3]) Motive Bd. III S. 262.

[4]) Protokolle Bd. III S. 119.

[5]) Bruck a. a. O. § 18 S. 132; Gaupp-Stein, Zivilprozeßordnung. S. 676, 6; Endemann a. a. O. § 9; Goldschmidt in Kohlers Archiv für bürgerl. R. Band 20. S. 26; Willenbücher a. a. O. S. 209; Oberneck bei Gruchot Bd. 47 S. 312 fg.

keinen dem Eigentum gegenüber selbständigen Inhalt habe, da doch alle Sachherrschaft, die überhaupt denkbar sei, bereits im Eigentum enthalten sei. Als Beispiel für das Recht an eigener Sache führen wir das sogenannte Bergwerkseigentum in der Hand des Grundeigentümers an [1]). Das Grundeigentum wird begrenzt durch die bereits erwähnte Bestimmung, daß gewisse Mineralien nicht der Verfügung des Grundeigentümers unterliegen [2]). Will sich der Eigentümer eine Verfügungsmacht auch über diese sichern, so bedarf er eines neuen Rechtstitels. Er erhält diesen, nachdem er geschürft und gemutet hat, mit der Verleihung des Bergwerkseigentums. Hierdurch wird die Machtsphäre des Eigentümers über die dem Eigentum gesteckten Grenzen hinaus erweitert. Nicht zwar in der Weise, daß der Eigentümer nach der Verleihung ein doppeltes Eigentum habe, etwa an der Bodenfläche und ein zweites an den mineralhaltigen Schichten. Die Mineralien sind vielmehr auch nach der Verleihung des Bergwerkseigentums res nullius. Das Bergwerkseigentum ist nach richtiger Ansicht ein eigenartig ausgestaltetes dingliches Recht auf ausschließliche Gewinnung bestimmter Mineralien [3]). Das Bergwerkseigentum verschafft dem Grundeigentümer völlig selbständige, neue Befugnisse; es ist ein Ausbau des Grundeigentums.

Die bisherige Untersuchung hat zu dem Resultat geführt, daß das Eigentum begrenzt, darum ausbaufähig ist. Damit ist auf dem Wege zur EG. der erste Schritt getan. Wir legen uns jetzt die Frage vor: Wie bewährt sich die Idee der Ausbaufähigkeit des Eigentums in den Fällen, in welchen nach dem Bürgerlichen Gesetzbuche Rechte an eigner Sache entstehen, nämlich: durch Rechtsvereinigung § 889: im Falle des Nichtentstehens der Gläubiger-Hypothek § 1163 Abs. 2 oder der Forderung § 1163 Abs. 1 Satz 1, des Erlöschens der Hypothek § 1168, § 1170, § 1171 oder der Forderung § 1163 Abs. 1 Satz 2, endlich im Falle der primär für den Eigentümer bestellten Grundschuld § 1196. Wie die Zusammenstellung zeigt, entstehen begrenzte

---

[1]) Hartmann a. a. O. S. 126.

[2]) Jhering a. a. O. S. 520.

[3]) Hartmann a. a. O. S. 127; A. M. Gierke a. a. O. S. 629.

dingliche Rechte[1]) des Eigentümers regelmäßig aus begrenzten dinglichen Rechten Dritter[2]). Wir wollen von diesem Regelfall ausgehen und zunächst das Verhältnis der begrenzten dinglichen Rechte Dritter zu dem an der Sache bestehenden Eigentum betrachten.

Die herrschende Meinung lehrt, die begrenzten dinglichen Rechte seien aus dem Eigentum abgeleitet. Ein Teil der im Eigentum enthaltenen Rechtsmacht sei herausgehoben und zu einem selbständigen Recht konstituiert worden. Das begrenzte dingliche Recht sei ein „verselbständigter Eigentumssplitter" [3]). Wenn der Eigentümer das begrenzte dingliche Recht erwerbe, so komme kraft der Elastizität des Eigentums ein Teil des Eigentumsinhalts ins Eigentum zurück. Das begrenzte dingliche Recht verschaffe dem Eigentümer keine Rechtsmacht, die nicht im Eigentum schon enthalten sei[4]).

Gegen diese Lehre spricht, daß sie zu einem Ergebnis führt, das mit dem Wortlaut des Gesetzes schlechterdings nicht zu vereinen ist. § 889 bestimmt, daß ein Recht an einem fremden Grundstücke nicht dadurch erlösche, daß der Eigentümer das Recht erwerbe. Wo steht hier etwas davon, daß das Recht in der Hand des Eigentümers etwas anderes sei als in der Hand des bisherigen Inhabers? Nach § 1177 verwandelt sich die an den Eigentümer fallende Hypothek in eine Grundschuld. Warum sagt der Gesetzgeber die Unwahrheit? sie verwandelt sich angeblich doch in Eigentumsinhalt zurück! Das Gesetz behandelt das begrenzte dingliche Recht des Eigentümers, was Übertragung und Belastung angeht, wie das entsprechende Recht eines Dritten. Auch daraus wäre m. E. zu schließen, daß es inhaltlich ein begrenztes dingliches Recht ist, nicht nur der äußeren Form nach den Charakter einer Belastung beibehält[5]). Für die Annahme, daß die begrenzten dinglichen Rechte aus dem Eigentum abgeleitet

---

[1]) Wir wollen diese Bezeichnung in der bisher üblichen Bedeutung beibehalten. Richtiger wären die Sachenrechte etwa nach der Art der Begrenzung folgendermaßen einzuteilen:

1. das negativ begrenzte Sachenrecht (Eigentum),
2. die positiv begrenzten Sachenrechte (die Übrigen.)

[2]) Nur im Falle des § 1196 bedarf es zur Entstehung der Eigentümergrundschuld eines vorgängigen dinglichen Rechts eines anderen nicht.

[3]) Gierke S. 359.

[4]) Endemann § 9, 1. 6 S. 42 Anm. 13.

[5]) So Endemann § 116, 2.

seien, ließe sich geltend machen, daß regelmäßig zur Begründung eines solchen Rechts die Mitwirkung des Grundeigentümers erforderlich ist. Indessen braucht eine praktische Abhängigkeit dieser Art noch nicht die begriffliche Unselbständigkeit des begrenzten dinglichen Rechts in sich zu schließen. Die Ableitungsidee versagt endlich in folgendem Falle:

Es ist für jemand ein ihm rechtlich nicht zukommendes Wegerecht auf dem Grundstücke seines Nachbarn eingetragen worden [1]). 29 Jahre hindurch übt er das Recht aus. Im dreißigsten verzichtet der Nachbar auf sein Eigentum an dem Grundstück. Soll der eingetragene „Berechtigte" die Ersitzung nur darum nicht vollenden können, weil kein Eigentum vorhanden ist, aus dem sich sein Recht ableiten ließe? Im Gesetz steht nichts davon, und so ist anzunehmen, daß das Recht mit dem Ablauf des dreißigsten Jahres trotz der Dereliktion erworben wird [2]).

Die richtige Auffassung des Verhältnisses zwischen Eigentum und den begrenzten dinglichen Rechten erhalten wir nur von der Annahme aus, daß beides dem Inhalte nach völlig selbständige Rechte sind [3]). Eigentum und begrenztes dingliches Recht sind Typen derselben Grundform: Sachherrschaft. Die Rechtsordnung schafft diese Typen mit einem fest bestimmten Inhalt — beim Eigentum in dem negativen Sinne, daß feststeht, was nicht Eigentumsinhalt ist, beim begrenzten dinglichen Recht in dem positiven Sinn, daß unabänderlich feststeht, was Rechtsinhalt ist — und stellt sie den einzelnen Rechtssubjekten zur Verfügung. Die beiden Typen können selbständig an einer Sache bestehen, es besteht z. B. nur Eigentum oder nur eine begrenztes dingliches Recht an einem Grundstück, sie können an der Sache zusammentreffen bei Verschiedenheit der Subjekte, endlich an derselben Sache bei Einheit des Subjekts bestehen. Die letztgenannte Möglichkeit bezeichnet die Fälle der Rechte an eigner Sache. Da die Rechte selbständiger Existenz sind, solange ihre Subjekte verschieden sind, so ist kein Platz für die Annahme, daß das eine in dem anderen aufgehe, sobald die Vereinigung der Subjekte stattfindet. Soweit sie sich decken, konkurrieren

---

[1]) § 900 Abs. II.

[2]) Schloßmann a. a. O. S. 353.

[3]) Planck S. 162—163 Vorbem. 2 vor § 903.

sie; der Eigentümer übt dann sachenrechtliche Befugnisse aus zwei Rechtstiteln aus[1]).

Wann aber liegt ein Interesse vor, dem Eigentümer ein Sachenrecht mehr zu geben, mit anderen Worten: Wo tritt im Verhältnisse der begrenzten dinglichen Rechte zum Eigentum eine Grenze des Eigentums zutage, über die hinaus das Eigentum eines Ausbaues fähig und bedürftig wäre?

Eigentum und begrenztes dingliches Recht kommen voll zur Geltung, solange sie die einzigen an einer Sache bestehenden Herrschaftsrechte sind. Treffen sie an ein und derselben Sache zusammen, so macht der Umstand, daß sie zum Teil gleiche Befugnisse gewähren, eine Rangordnung unter ihnen erforderlich. Solcher Rangordnungen unter den Sachenrechten gibt es zwei. Die erste betrifft das Verhältnis des Eigentums zu den begrenzten dinglichen Rechten und lautet: Im Falle einer Kollision zwischen Eigentum und dem begrenzten dinglichen Rechte kommt zuerst das begrenzte dingliche Recht zu voller Entfaltung. Die zweite betrifft das Verhältnis der begrenzten dinglichen Rechte untereinander und lautet: Kollidieren mehrere begrenzte dingliche Rechte miteinander, so kommen sie zur Entfaltung in der zeitlichen Reihenfolge, in welcher sie im Grundbuche eingetragen sind. Bei der ersten dieser Rangordnungen wird gebräuchlicherweise von einem „zurückweichen" des Eigentums gesprochen, und für den Fall, daß das begrenzte dingliche Recht wieder fortfällt, dem Eigentum eine Art Expansionstendenz zugeschrieben, kraft deren es zu vollem Umfange wieder anschwillt. Wir wollen dieses Bild in dem Sinne beibehalten, daß das Eigentum mit dem Fortfall des begrenzten dinglichen Rechts auch praktisch die Werte zu erlangen vermag, die den Inhalt des begrenzten dinglichen Rechts ausgemacht hatten. Nur kann von einer Beengung und nachträglichen Ausdehnung des Rechts selbst nicht die Rede sein. Das Eigentum bleibt, was es ist, und wo es ist. Ist ein Nebeneinander von Eigentum und begrenztem dinglichen Recht möglich, so kommen beide zur Ausübung, so darf z. B. der Eigentümer die Quelle mitbenutzen, an der die Schöpfgerechtigkeit seines Nachbars besteht. Kann nur e i n e s ausgeübt werden, so

---

[1]) S c h l o ß m a n n S. 355.

besteht doch das andere in vollem Umfange, nur gilt dann die erste Kollisionsordnung. Hat z. B. das begrenzte dingliche Recht die Gestalt eines Rechts auf 1000 vom Grundstückswert, so besteht gleichzeitig dasselbe Recht auch für den Eigentümer, aber für den Eigentümer kommt dieser Teil seines Verwertungsrechts nicht zur Verwirklichung[1]). Liegt mehr als ein begrenztes dingliches Recht an der Sache vor, so gilt unter ihnen die zweite der Rangordnungen. Jedes dieser Rechte ergreift das Grundstück als ein ungeteiltes Ganzes. Nehmen wir an, es beständen eine Reihe von begrenzten dinglichen Rechten an einem herrenlosen Grundstück (§ 928 BGB.). Fällt eines der Rechte fort, so würde nicht etwa an der im Grundbuche diesem Rechte in der Reihe der anderen zukommenden Stelle ein juristisches Vakuum entstehen, vielmehr müßten, da jedes Recht das gesamte Grundstück umfaßt, die freigewordenen Werte den nachstehenden zugute kommen[2]). Nehmen wir weiter an, daß das Gruudstück einen Eigentümer hat, so treten bei Fortfall eines, etwa des ersten der begrenzten dinglichen Rechte, zwei Kräfte in Widerstreit: die neben dem begrenzten dinglichen Rechte bestehenden, gleichlautenden Befugnisse des Eigentümers müßten diesem nunmehr die Werte verschaffen können, die bisher durch das begrenzte dingliche Recht absorbiert waren. Wenn wir an den Fall denken, daß nur eine Grundstücksbelastung vorliegt, und der Eigentümer bei deren Fortfall ohne weiteres den Wertteil zurückerlangt, so scheint jedenfalls der Billigkeit zu entsprechen, daß es bei mehreren neben dem Eigentum bestehenden Rechten ebenso ist. Also das Eigentum oder die Eigentumselastizität ist die eine Kraft.

Mit dem Fortfall des ersten Rechts ergreifen aber, wie wir an dem Fall der begrenzten dinglichen Rechte am herrenlosen Grundstücke sahen, mit Rechtsnotwendigkeit die übrigen das ganze Grundstück, d. h. sämtliche in dem Grundstücke repräsentierte Werte. Danach bliebe für das Eigentum vor den dinglichen Rechten kein Platz. Also die begrenzten dinglichen Rechte oder ihre Tendenz zum Aufrücken sind die andere Kraft.

---

[1]) Über die Theorie der Doppelberechtigung vergl. Oberneck S. 30 fg. GBR.

[2]) Man schreibt den dinglichen Rechten eine Tendenz zum Aufrücken zu.

Nach der Rangordnung über das Eigentum und die begrenzten dinglichen Rechte [1]) müßte dieser Kampf in jedem Falle zum Nachteil des Eigentums auslaufen; das Eigentum müßte stets hinter das letzte der Rechte zurücktreten — und hierin besteht die Grenze, über die das Eigentum durch das Recht an eigner Sache ausgebaut werden soll. Das Eigentumsrecht vermag zwar dem Eigentümer die Werte zu erhalten, die den Gegenstand eines einzelnen begrenzten dinglichen Rechts gebildet hatten, aber es versagt, wenn es gilt, diese Werte gegen nachstehende Rechte zu behaupten. Dem Eigentum fehlt die Macht, die nachstehenden Realgläubiger auszuschließen. Darin liegt eine gesetzliche Begrenzung des Eigentums, eine Begrenzung derselben Art, wie sie durch das Verbot der Schikane, das Gebot gewisser Duldungen oder den Ausschluß der Mineralien vom Grundeigentum geschieht — hier ist die Grenze, und das begrenzte dingliche Recht an eigner Sache ist der Ausbau. Das Recht an eigner Sache erhält dem Eigentümer, was er sonst eingebüßt hätte, und es verschafft ihm die Macht, die er braucht, um sich gegen die nachdrängenden Realgläubiger zu schützen. Es erhält ihm die freigewordenen Werte. Insofern ist es zwar kein Neuerwerb, denn auch sein Eigentum erfaßte diese Werte. Aber es ist auch kein Zurückfließen von Eigentumsinhalt, denn das begrenzte dingliche Recht war ja nicht aus dem Eigentum abgeleitet, sondern selbständigen Ursprungs. Das Recht an eigner Sache verschafft dem Eigentümer die durch seine Stellung in der Reihe der anderen Rechte bedingte Ausschließungsmacht gegenüber den nachstehenden. Und hierin liegt seine Hauptbedeutung, dies ist ein Neuerwerb, auf dieses im Vergleich zum Eigentum gesteigerte Ausschließungsrecht kam es eigentlich an, als das Gesetz den Eigentümer an die Stelle des abgefundenen Realgläubigers treten ließ.

Wir haben bisher nur das abgeleitete Recht an eigner Sache betrachtet [2]). Wir wollen nunmehr auch das selbständige Recht an eigner Sache, die für den Eigentümer bestellte Eigentümergrundschuld [3]) heranziehen und gleichzeitig den inneren Zusammenhang der Rechte an eigner Sache des Bürgerlichen Rechts mit dem Berg-

[1]) S. 17 der A.

[2]) Vergl. S. 14 d. A.

[3]) § 1196 BGB.

werkseigentum an eigner Sache darlegen. Wenn wir in dem Grundsatze, daß jedes Sachenrecht die Sache als eine unteilbare Einheit erfaßt, und daher freiwerdende Sachwerte mit Rechtsnotwendigkeit von den übrigen an der Sache bestehenden Rechten mitergriffen werden, eine Grenze des Eigentums sehen, so kommt es nicht darauf an, ob im konkreten Falle Rechte Dritter vorhanden sind oder nicht. Das Recht selbst, der Eigentumsbegriff ist begrenzt, daher ist eine Erweiterung der Machtsphäre des Eigentümers auch dort möglich, wo das Eigentum das einzige an einem Grundstück bestehende Sachenrecht ist. Solche Fälle sind die Eigentümergrundschuld, die für den Eigentümer bestellt wird, und das Bergwerkseigentum. Sind außer dem Eigentum begrenzte Sachenrechte vorhanden, so ist die Rechtslage im Prinzip genau dieselbe, nur hat hier das Recht an eigner Sache einen mehr defensiven Charakter. Das selbständige Recht an eigner Sache — die bestellte Eigentümergrundschuld und das Bergwerkseigentum — ist ein Vorbau, das abgeleitete Recht an eigner Sache ist eine Stütze am Hause des Eigentums.

Wir fassen zum Schluß dieses Abschnitts unsere Resultate zu folgendem Schema zusammen:

1. Rechte gibt es nur, wo es eine Rechtsordnung gibt.
2. Innerhalb einer Rechtsordnung keine Schrankenlosigkeit.
3. Also haben alle Rechte Grenzen.
4. Also hat das Eigentum Grenzen.
5. Also gibt es Rechte an eigner Sache, die etwas anderes sind als Eigentumsinhalt.

II.

§ 4. Bisher haben wir festgestellt, daß das Recht an eigner Sache nicht Eigentum ist. Hier schließt die Frage an: Kann das Recht an eigner Sache eine Grundschuld sein?

Wir haben im vorigen Teil der Abhandlung Erbbaurecht, Dienstbarkeiten, Vorkaufsrecht, Reallast, Hypothek, Grundschuld, Rentenschuld, Pfandrecht mit dem Namen „begrenzte dingliche Rechte“ zusammengefaßt, und in der Herrschaft über die Sache ihren gemeinsamen Inhalt erblickt. Auf diese ihre gemeinsame Grundlage, den Begriff der Dinglichkeit oder Sachherrschaft, wollen wir zunächst eingehen und sodann die besonderen Bedingungen der Grundschuld untersuchen.

Das Gesetz hat keine gemeinsame Bezeichnung der genannten Rechte, es spricht weder von dinglichen Rechten noch von Sachherrschaft [1]). Es gibt eine Reihe von Einzelbestimmungen und überläßt es im übrigen der Wissenschaft, aus diesen das Kriterium der Dinglichkeit herauszuanalysieren. Gelegentlich werden die Sachenrechte zu Gruppen zusammengefaßt, z. B. in der Überschrift des zweiten Abschnitts des dritten Buchs: „allgemeine Vorschriften über Rechte an Grundstücken". Die Sachenrechte werden mit Ausnahme des Eigentums durchgehend als Belastungen bezeichnet [2]); von der Hypothek, Grundschuld, Rentenschuld heißt es einmal [3]), daß sie auf dem Grundstück ruhen; mehrfach [4]) erscheint die Sache als Gegenstand des Rechts, z. B. des Nießbrauchs. Was aber der eigentliche Kern dieser Rechtsbeziehung ist, von der unter dem Bilde des Lastens und Ruhens gesprochen wird, darüber suchen wir im Gesetz selbst vergebens nach Auskunft.

Etwas weiter bringen uns die Materialien. Nach diesen liegt das Wesen der Dinglichkeit in der „unmittelbaren Macht der Person über die Sache" [5]). Das dingliche Recht ergreift die „Sache selbst"; „entscheidend ist . . . ., daß das Recht sich ohne den Willen eines anderen zu betätigen vermag, daß das Vorhandensein eines Verpflichteten nicht erfordert wird" [6]). Aus diesem Begriffe folge, daß das dingliche Recht gegen jedermann wirke, daß der Anspruch, den es erzeuge, sich nicht auf die Richtung gegen eine bestimmte Person beschränke, sich vielmehr gegen jeden richte, dessen Verhalten dem Gesetz widerstreite [7]).

Von den zahlreichen in der Literatur über den Begriff des dinglichen Rechts aufgestellten Ansichten wollen wir einige, die uns besonders bezeichnend erscheinen, wiedergeben und zwar nach den Ge-

[1]) Planck S. 6; Fuchs S. 27 Bem. 35.

[2]) § 1012, § 1018, § 1030, § 1090, § 1094, § 1105, § 1113, § 1191, § 1190, § 1204.

[3]) § 2165 Abs. 2.

[4]) § 1038, § 1044, § 1048, § 1067, § 1081.

[5]) Motive III S. 2.

[6]) Motive a. a. O.

[7]) Denkschrift S. 159.

sichtspunkten geordnet, die uns die Motive an die Hand geben: nämlich danach, ob das Wesen der Dinglichkeit in der Macht der Person über die Sache selbst, oder in der Abwehr anderer Personen erblickt wird.

I. Gruppe.

Dinglichkeit ist Herrschaft der Person über die Sache.

1. Endemann.[1]) Nach Endemann entsteht das dingliche Recht durch die Anerkennung eines tatsächlich bestehenden Machtverhältnisses durch die Rechtsordnung. Die Rechtsordnung findet die vollzogene unmittelbare und befriedete Macht des einzelnen Rechtssubjekts über die Sache vor und stempelt diese Beziehungen rein tatsächlicher Natur durch Anerkennung ihrer Schutzwürdigkeit zu Rechtsbeziehungen. Zu dem begrifflichen Aufbau dieses Rechts genüge das Rechtssubjekt und das beherrschte Rechtsgut. Eine rechtliche Bindung der übrigen Rechtssubjekte in dem Sinne, daß jedermann jeden Augenblick verpflichtet sei, das dingliche Recht anzuerkennen und nicht zu beeinträchtigen, bestehe als subjektive Verpflichtung nicht. Das Gebot, das dingliche Recht anzuerkennen, sei nur ein Teil des allgemeinen Gebots, die Rechtsordnung zu wahren, und dies sei ein Bestandteil des objektiven Rechts. Dagegen sei das dingliche Recht, sooft ein Gegner in den Machtbereich des Berechtigten eindringe, in der Lage, sich an die einzelne Rechtsstörung anzupassen und Ansprüche von unbegrenzter Mannigfaltigkeit zu erzeugen. Das dingliche Recht gewähre somit absoluten Rechtsschutz.

2. Planck[2]) sieht die Bedeutung des dinglichen Rechts darin, daß es die Sache entweder ganz, als Eigentum, oder teilweise, als begrenztes Recht, dem „Vermögen" des Berechtigten einverleibt. Der Begriff Vermögen umfasse einmal die unmittelbare Herrschaft derjenigen Sachenrechte, welche zum Besitz der Sache berechtigten[3]), sodann die vermittelte, zu körperlicher Einwirkung nicht befugende Herrschaft des Vorkaufsrechts, der Reallasten und der Grundpfand-

---

[1]) Endemann § 3, insbesondere Anm. 13.

[2]) Vorbemerkungen S. 9 fg.

[3]) Eigentum, Erbbaurecht, Dienstbarkeiten, Pfandrecht.

rechte [1]). Soweit die Sache von dem begrenzten dinglichen Recht ergriffen werde, gehöre sie nicht dem Eigentümer, sondern dem Berechtigten. Er dürfe daher billigerweise von der Rechtsordnung verlangen, daß er gegen rechtswidrige Einwirkungen Dritter auf die Sache geschützt werde.

3. Siber [2]) erblickt das Wesen des dinglichen Rechts in einer „unmittelbaren, d. h. nicht durch Herrschaft über die Person eines Schuldners vermittelten Rechtsherrschaft über die ihm unterworfene Sache . . . ." Das Verbot des Eingriffs in diese Herrschaft begründet nach Siber kein subjektives Recht auf Unterlassung, vielmehr sei jede Zuwiderhandlung „schlechthin" verboten. Das sogenannte Verbietungsrecht des dinglich Berechtigten sei nichts anderes als die „Befugnis zur Geltendmachung des Verbotsgesetzes". Diese Befugnis stehe aber nicht allein dem Eigentümer, sondern jedermann, „ohne Rücksicht auf eignes Recht oder Interesse" zu. Jedermann dürfe die Beschädigung und Entwertung von jedermanns Sachen verbieten und verhindern, solange nicht der Berechtigte mit dem Eingriff einverstanden sei. Diese Befugnis sei in der Person des Eigentümers ebensowenig ein Anspruch auf Unterlassung wie in der Person eines Dritten.

4. Förster-Eccius [3]). Das dingliche Recht sei unmittelbare Herrschaft; es „liege" auf der Sache; es „durchdringe" die Sache derartig, daß es durch sie, solange es nicht aufgehört habe zu existieren, jedem Erwerber der Sache zugetragen werde, es sei eine „Eigenschaft, eine causa rei".

II. Gruppe.

Das Wesen der Dinglichkeit besteht in der Abwehr aller Nichtberechtigten.

1. Windscheid. Windscheid [4]) erkennt grundsätzlich als Rechtsbeziehungen nur solche von Person zu Person an. So

[1]) Wir wollen im folgenden im Interesse der Kürze mit diesem Namen die Hypothek, Grundschuld, Rentenschuld zusammenfassen, obgleich die Grundschuld wegen des Fehlens einer zu sichernden Forderung kein Pfandrecht ist. Goldschmidt, Archiv f. bürg. R., Bd. 20 S. 23 fg.

[2]) Der Rechtszwang im Schuldverhältnis S. 99 fg.

[3]) Preuß. Privatrecht S. 3.

[4]) Windscheid-Kipp § 38.

ist ihm das dingliche Recht die Rechtsbeziehung, welche in betreff Sache zwischen dem Berechtigten und allen übrigen besteht. Ihren Inhalt bestimmt der Wille des Berechtigten. Dieser Wille ist darauf gerichtet, daß sich die ihm gegenüberstehenden jeder Einwirkung auf die Sache enthalten, oder durch ihr Verhalten irgendwelche Einwirkungen des Berechtigten auf die Sache nicht verhindern. Das dingliche Recht hat demnach einen rein negativen Gehalt.

2. Fuchs[1]) steht auf derselben theoretischen Grundlage wie Windscheid. Zwischen Person und Sache sei überhaupt kein Recht, sondern nur ein Faktum möglich. Eine unmittelbare Herrschaft, die das Vorhandensein eines Verpflichteten nicht erfordere, könne nie Inhalt eines Rechts sein. Erscheine die Möglichkeit unmittelbarer Einwirkung im Gefolge eines Rechts, — dies geschieht bei den Sachgebrauchsrechten[2]) — so sei sie auf den mit dem Recht verbundenen Besitz zurückzuführen; sie sei tatsächliche, nicht Rechtsmacht. Bei den übrigen Sachenrechten, welche nicht zum Besitz berechtigten — den Sachhaftungsrechten[3]) fehle das Moment: unmittelbare Herrschaft überhaupt. Sachnutzungs- wie Sachhaftungsrechte seien vielmehr „Belastungen" der Sache. Die Sachgebrauchsrechte im Sinne von körperlichem Einwirken auf die Sache, die Sachhaftungsrechte im Sinne von idealer Belastung durch die Verpflichtung des jeweiligen Eigentümers zu bestimmten Leistungen aus dem Grundstücke. Das Gemeinsame und Wesentliche dieser Belastungen sei, daß der aus ihnen Berechtigte gegen jedermann, der zu der Sache in Beziehung trete, Klageschutz genieße. Diese Eigenschaft teile das dingliche Recht zwar mit den immateriellen Vermögensrechten und gewissen familienrechtlichen Verhältnissen, aber ein anderes Kriterium der Dinglichkeit als Absolutheit des Klageschutzes lasse sich nun einmal nicht finden.

3. Schloßmann[4]). Schloßmann bestreitet der Bezeichnung „dingliches Recht" überhaupt jeden Gedankengehalt. Nach Schloßmann haben nur die auf die Sache bezüglichen Ansprüche

---

[1]) GBR. S. 29 fg.

[2]) Eigentum, Erbbaurecht, Dienstbarkeiten, Faustpfand.

[3]) Vorkaufsrecht, Reallast, Grundpfandrechte.

[4]) Vertrag § 33. Vergl. die neuere Ansicht von Schloßmann, Iherings Jahrb. 45 S. 349 fg.

gegen Dritte Existenzberechtigung. Es gibt kein „dingliches Recht", nur die dinglichen Ansprüche können „Realität erlangen, indem sie vor Gericht geltend gemacht und erzwungen werden können". Das sogenannte dingliche Recht ist nichts als eine terminologische Zusammenfassung sämtlicher als möglich vorgestellter dinglichen Ansprüche. Von den Beziehungen, welche angeblich unmittelbar zwischen Person und Sache bestehen, ist m. E. soviel gewiß, daß sie keine Rechtsbeziehungen sind. Die Rechtsordnung ist eine produktive Kraft, sie ist nicht darauf beschränkt, vorhandene tatsächliche Machtverhältnisse anzuerkennen [1]). Ihre Aufgabe ist, begrenzte Machtsphären zu schaffen und dem einzelnen Rechtssubjekt die Mittel in die Hand zu geben, seine Stellung zu verteidigen, wo er angegriffen, zu erzwingen, wo er verdrängt ist. Die von der Rechtsordnung garantierte Erzwingbarkeit ist das Fundament allen Rechts. Zwang aber hat nur einen Sinn im Verhältnis von Person zu Person. Nur Menschen haben einen Willen, gegen den ich meinen, von der Rechtsordnung als maßgebend anerkannten Willen mit Hilfe ihrer Zwangsmittel durchzusetzen hätte. Der Sache gegenüber bedarf es keines Zwanges. Die Sache hat keinen Willen, der gebrochen werden müßte. Daher gibt es kein Recht, wo es keinen Willen gibt, der sich ihm freiwillig unterordnen, oder dessen Unterordnung erzwungen werden könnte. Z. B. auf der von einem einzigen Schiffbrüchigen bewohnten Insel [2]). Es ist darum auch eine charakteristische Erscheinung der Ansichten, welche die Beziehung von Person zu Person aus dem Bau des dinglichen Rechts ganz ausschalten, daß sie über die Bilder nicht hinauskommen. Denn was sind „auf der Sache ruhen", die Sache selbst „ergreifen", die Sache „durchdringen", auf der Sache „lasten", an der Sache „haften" anderes als Bilder? Die rechtlich geschützte Beziehung zur Sache ist, wie gesagt, nie Inhalt eines Rechts, aber aus einem anderen Gesichtspunkte interessiert sie, und unter dem wollen wir das dingliche Recht zunächst betrachten:

Die unmittelbare Herrschaft der Person über die Sache charakterisiert das dingliche Recht als wirtschaftliches Gut, als Vermögen [3]),

---

[1]) Vergl. Endemann § 3 Anm. 13.

[2]) Vergl. Schloßmann. Vertrag S. 259.

[3]) Schloßmann, Vertrag § 33 S. 259, ganz anders Planck S. 22 d. A., der das dingliche Recht im Rechtssinne als „Vermögen" auffaßt.

als Kapital. Daß der Eigentümer in weitesten, die übrigen an der Sache Berechtigten in engeren Grenzen mit der Sache „verfahren" können, ist nur Mittel zu dem Zweck, die in der Sache enthaltenen Werte zu heben. Das Benutzendürfen bei den Sachgebrauchsrechten, das Verwertendürfen bei den Sachhaftungsrechten ist nur die Art und Weise, wie das dingliche Recht seinem Inhaber Geldwerte verschafft, nicht Ausdruck der das Recht ausmachenden Willensmacht. Und hierin, in der Art wie die dinglichen Rechte praktisch werden, liegt das Gemeinsame, nach der sogenannten positiven Seite: Die Sache vermittelt die Vermögensvorteile unmittelbar [1]), während im Schuldverhältnis die Vermögensvorteile erst durch einen dem meinen korrespondierenden Willen und die Leistung des Schuldners beschafft werden. Das dingliche Recht hat stets einen Wert, hat stets „Vermögens"-charakter, das Schuldverhältnis dagegen kann sehr wohl einen Inhalt haben, der sich nicht in Geld berechnen läßt. So vermittelt das Eigentum dem Eigentümer die in der Sache enthaltenen Werte in der unendlichen Fülle der Umsatzformen, die begrenzten dinglichen Rechte in engeren und vom Gesetz näher bezeichneten Formen. Es kommt nie darauf an, wodurch im einzelnen die wirtschaftliche Nutzbarmachung der Sache erfolgt, sondern nur darauf, daß der wirtschaftliche Vorteil unmittelbar gewonnen wird d. i. ohne den vermittelnden Willen und vermittelnde Tätigkeit eines bestimmten anderen. Daher ist auch die von Fuchs [2]) durchgeführte Unterscheidung von Sachgebrauchsrechten, welche die Sachsubstanz, und Sachhaftungsrechten, welche den Sachwert ergreifen, ohne Belang. Kein Recht erfaßt nur die Sachsubstanz oder die Sache als solche. Den Chemiker interessiert die Sachsubstanz, die Materie, das dingliche Recht, auch das Eigentum oder die Dienstbarkeit wird an der Sache begründet um ihrer Gutseigenschaft, ihres Werts willen. Wer sich über des Nachbars Koppel ein Wegerecht bestellen läßt, der verfolgt geradeso ein Vermögensinteresse wie der, welcher sich einen Hypothekenbrief geben läßt. Der einzige Unter-

---

[1]) Daß dies bei den Sachgebrauchsrechten mit greifender Hand, bei den Sachhaftungsrechten unter Vermittlung der Organe des Staats geschieht, macht keinen wesentlichen Unterschied aus. Planck S. 9.

[2]) a. a. O. S. 30 c.

schied ist der, daß auf dem Hypothekenbrief das Interesse zahlenmäßig zur Erscheinung kommt, bei der Dienstbarkeit nicht. Darum weiß der Servitutsberechtigte doch ganz genau, um wieviel Pfennig ihm z. B. eine Fuhre zum Bahnhof billiger wird; und wenn er die Hufe, die er so verbessert hat, abgibt, wird sich aus der Differenz von Kauf- und Verkaufspreis auch für die Servitut ein zahlenmäßiger Wert ermitteln lassen. Also schließlich sind beide, Hypothek und Dienstbarkeit, Erscheinungsformen desselben Überbegriffs: Geldwert. Diese Feststellung hat namentlich auch ein Interesse für eine Dienstbarkeit des Inhalts, daß gewisse Handlungen auf dem belasteten Grundstücke nicht vorgenommen werden dürfen, denn einem solchen Recht dürfte mit der Vorstellung einer unmittelbaren Herrschaft schwerlich beizukommen sein.

Wollen wir das dingliche Recht nach rechtlichen Gesichtspunkten untersuchen, so gilt uns als Prüfstein nicht mehr, wie es auf die Sache, sondern wie es gegen andere Rechtssubjekte wirkt. Nach Windscheid [1]) ist der Wille des dinglich Berechtigten für jedermanns Verhalten in betreff der Sache maßgebend. Dem Recht des einen entspricht eine Pflicht aller. Übereinstimmend läßt Hellwig [2]) aus dem unverletzten dinglichen Recht Ansprüche gegen jedermann entspringen, die durch Unterlassung fortdauernd erfüllt werden. Im Gegensatz hierzu will Gierke [3]) gegenüber dem dinglichen Recht eine Verpflichtung nur der Personen gelten lassen, die in den Machtbereich des dinglich Berechtigten geraten, das dingliche Recht verletzen. Dieser Auffassung stimmt Endemann [4]) zu und folgert aus ihr, daß es dann vor der Verletzung noch keinen aus dem dinglichen Recht Verpflichteten gegeben habe, und daß diese Vorstellung zum Begriff des Sachenrechts nicht erforderlich sei.

Was ist nun richtig? Ansprüche gegen jedermann oder Ansprüche gegen den Störer?

Über die aus den Sachenrechten entstehenden Ansprüche geben die §§ 985 und 1004 Auskunft.

---

[1]) § 38 S. 167.

[2]) Anspruch und Klagrecht S. 26, S. 6.

[3]) Dtsch. Pr.-R. Bd. I § 29.

[4]) S. 11 Anm. 13) c) β).

1. Der Eigentümer kann von dem Besitzer die Herausgabe der Sache verlangen. (§ 985) (rei vindicatio).
2. Wird das Eigentum in anderer Weise als durch Entziehung oder Vorenthaltung des Besitzes beeinträchtigt, so kann der Eigentümer

a) die Beseitigung der Beeinträchtigung verlangen.

Sind weitere Beeinträchtigungen zu besorgen, so kann der Eigentümer

b) auf Unterlassung klagen (§ 1004 Abs. 1) (actio negatoria).

Diesen Eigentumsschutz genießen ganz: das Erbbaurecht, der Nießbrauch und das Pfandrecht; zum Teil, nämlich nur die actio negatoria: die Dienstbarkeiten und (in der besonderen Form der Devastationsklage) die Grundpfandrechte und die Reallast[1] [2]). Die beiden Gruppen sind in der Weise unterschieden, daß die erste die Rechte umfaßt, bei denen ein Anspruch aus Besitzentziehung gegeben

---

[1]) Das Vorkaufsrecht nimmt eine Sonderstellung ein, insofern der Berechtigte nicht durch einzelne, auf seine Herstellung oder Anerkennung gerichtete Ansprüche, sondern durch grundsätzliche Vernichtung alles dessen geschützt ist, was die Verwirklichung des Rechts vereiteln könnte. §§ 1098 Abs. II, 883 Abs. II. Hier gehört das Verbot der Beeinträchtigung dem objektiven Recht an, während bei allen übrigen Sachenrechten das gesetzliche Verbot ein subjektives Recht auf Nichtstörung begründet. A. M. Endemann, Siber s. 22, 23 d. A.

[2])

1. Gruppe:

Eigentum	§ 1004	§ 985	
Erbbaurecht	„ „	„ „	(1017)
Nießbrauch	„ „	„ „	(1065)
Pfandrecht	„ „	„ „	(1227)

2. Gruppe:

Grund-Dienstbarkeiten	§ 1004	§ 1027	
beschränkte persönl. Dienstbarkeiten	„ „		(1090 II)
Hypothek:	§ 1134		
Grundschuld	„ „	(1192)	
Rentenschuld	„ „		(1199)
Reallast	„ „	1107	

ist, die zweite Gruppe die Rechte umfaßt, bei denen er fehlt. Beiden Gruppen gemeinsam ist der Anspruch auf künftige Unterlassung — gehen wir hiervon aus. Der Anspruch hat das Bestehen des dinglichen Rechts, außerdem im Falle des § 1004 die fortdauernde Gefahr weiterer unzulässiger Einwirkungen, im Falle des § 1134 die Gefährdung der hypothekarischen Sicherheit zur Voraussetzung. Hieraus folgt zunächst gegenüber der Schloßmannschen Lehre, daß das dingliche Recht etwas vom dinglichen Anspruch Verschiedenes sein muß; denn wie könnte das Gesetz sonst das Bestehen, im Prozeß den Nachweis des dinglichen Rechts fordern, wenn der Anspruch geltend gemacht werden soll; was gäbe es auch zu beeinträchtigen, wenn man sich das dingliche Recht ganz wegdenkt? Aber auch Gierkes Auffassung vom dinglichen Recht muß angesichts des Anspruchs auf künftige Unterlassung versagen. Nach Gierke dürfte sich das dingliche Recht nur gegen den Störer, d. i. gegen den richten, der in den für den Berechtigten abgegrenzten Machtbereich gerät. Der Unterlassungsanspruch aus § 1004 Abs. 1 Satz 2 aber ist begründet, lediglich weil eine weitere Störung zu besorgen ist. Der Anspruch aus § 1134 sogar ohne dies Erfordernis [1]). Diese Ansprüche sind nicht anders zu erklären als mit der Annahme, daß das Eigentum schlechthin, d. h. das unverletzte Eigentum Verpflichtungen zur Unterlassung begründet; und da eben der Kreis derer, die Anlaß zu Besorgnis geben können nicht geschlossen ist, so trifft diese Verpflichtung jedermann.

Die aus den dinglichen Rechten entspringenden Ansprüche bauen sich nach dem Grade auf, in welchem das Recht [2]) gefährdet wird. Den geringsten Grad der Rechtsgefährdung bedeutet das Drohen einer Beeinträchtigung des Besitzes oder einer Verschlechterung der Sache — ihm entspricht der Anspruch auf Unterlassung. (§ 1004 Abs. 1 S. 2 § 1134). Den nächsten Grad bildet der Eingriff in den

---

[1]) Planck zu § 1134 Bem. 3a.

[2]) Die Gefährdung des „Rechts" ist nie eine unmittelbare, durch Rechtsanmaßung des Gegners — einer solchen gegenüber ist die negative Feststellungsklage am Platze (vergl. Planck Bem. c zu § 1004 und die dort angeführte Literatur) — sondern stets eine mittelbare: durch Beeinträchtigung des mit dem Recht verbundenen Besitzes (§ 1004) oder durch Verschlechterung der Sache (§ 1134.)

mit dem Eigentum verbundenen Besitz. Ihm entspricht der Anspruch auf Beseitigung der Störung § (1004 Abs. 1 S. 1). Höchster Grad der Rechtsgefährdung endlich ist die Entziehung oder Vorenthaltung des Besitzes. Dieser entspricht der Anspruch auf Herausgabe. § 985. Von dem ersten dieser Eigentumsansprüche glauben wir nachgewiesen zu haben, daß er auf einen rein negativen Inhalt des Eigentums schließen läßt. Von den andern beiden gilt dasselbe. Wenn die Rechtsordnung den Eigentümer mit der Befugnis ausstattet, eine Sache jedem Besitzer abzuverlangen, gegen jeden Störer zu verteidigen, so muß Eigentum bereits vorhanden sein, bevor der Besitz entzogen, bevor er gestört ist. Was nun nach dem, für die Entstehung des Anspruchs erforderlichen zweiten, tatsächlichen Moment — der Entziehung (Vorenthaltung) oder Störung — als Gebot erscheint, nämlich als Gebot der Herausgabe bezw. Beseitigung der Störung, das ist vorher ein Verbot. Das Gebot trifft einen bestimmten, das Verbot einen unbestimmten Schuldner. Das Gebot befiehlt dem Einen die Wiederherstellung des dem Recht entsprechenden Besitzstandes, das Verbot befiehlt jedermann die Respektierung, die Nichtverletzung dieses Besitzstandes. Beides ist Recht, weil es erzwingbar ist: das Gebot, weil die gebotene Handlung, das Verbot weil die gebotene Unterlassung Gegenstand der Zwangsvollstreckung sein kann. Hiernach unterscheiden sich das dingliche Recht und der dingliche Anspruch in folgendem: Der dingliche Anspruch kann Gebot und Verbot sein, Gebot, wenn wegen Entziehung oder Störung Wiederherstellung, Verbot, wenn wegen Besorgnis der Rechtsgefährdung Unterlassung gefordert wird. Das dingliche Recht ist nur Verbot, es heischt Achtung, Nichtstörung von Jedermann.

Der Streit, ob sich das dingliche Recht an alle oder nur an den Störer richte, ist hiermit zugunsten der ersteren Ansicht entschieden.

Wir haben im vorigen getrennt behandelt das dingliche Recht im wirtschaftlichen Sinne und das dingliche Recht im Rechtssinne. Wir haben das angeblich im dinglichen Recht enthaltene „dürfen", das „mit der Sache verfahren dürfen", die sogenannte positive Seite, aus der Struktur des Rechts überhaupt gestrichen und dem dinglichen Recht nur die Bedeutung eines Verbietungs- oder Ausschließungsrechts belassen. Wie entgehen wir jetzt dem Einwand, daß dann eine

Unterscheidung der einzelnen Sachenrechte nicht mehr möglich sei, daß Genuß und Gebrauch der Sache als Unterscheidungsmerkmale unentbehrlich seien [1])?

Die begrenzten dinglichen Rechte werden regelmäßig in der positiven Form dargestellt, das Eigentum als ein „Verfahrendürfen" im weitesten Sinne, die übrigen als ein „Verfahrendürfen" in engerem Sinne, nur an einer Stelle ist es anders: bei der negativen Servitut. § 1018 bestimmt u. a. nämlich:

„Ein Grundstück kann zugunsten des jeweiligen Eigentümers eines anderen Grundstücks in der Weise belastet werden, daß ... auf dem Grundstück gewisse Handlungen nicht vorgenommen werden dürfen, oder daß die Ausübung eines Rechts ausgeschlossen ist, das sich aus dem Eigentum an dem belasteten Grundstücke dem anderen Grundstücke gegenüber ergibt". Dieses Recht muß der Meinung, Dinglichkeit sei unmittelbare Herrschaft, sei ein Dürfen, einige Schwierigkeit machen, denn nach ihr hätte die negative Servitut überhaupt keinen Inhalt [2]). Ein gemeinsamer Gesichtspunkt für die Betrachtung der negativen Servitut und der übrigen Sachenrechte wird sich aus folgendem ergeben: Das von der Rechtsordnung verliehene Dürfen kann kein Dürfen der Sache gegenüber sein, denn die Sache hat keinen Willen, gegen den es zwangsweise geltend gemacht werden könnte; es kann im Rahmen der Privatrechtsordnung auch nicht bedeuten sollen, „daß der Berechtigte durch solche Einwirkung nicht gegen das objektive Recht verstoße, etwa straffällig werde" [3]). Es bleibt nur übrig, daß das Dürfen ein Dürfen anderen Personen gegenüber ist, daß das „Dürfen" des einen gleichzeitig das „Nichtdürfen" aller übrigen einbegreift. Verwendet der Gesetzgeber Bezeichnungen wie: verfahren dürfen, nützen dürfen, bebauen dürfen, so heißt überall die notwendige Ergänzung: andere dürfen es nicht, sie sind ausgeschlossen, oder, der Berechtigte darf sie ausschließen, darf Zuwiderhandeln verbieten. Bestimmt umgekehrt der Gesetzgeber einmal ein Recht nur nach dem, was einer verbieten darf, so ist die Ergänzung von dem herzunehmen, was jemand hat tun dürfen.

---

[1]) Endemann § 3 Anm. 13 b, d.

[2]) Hellwig, Anspr. u. Klagr. S. 26.

[3]) Windscheid-Kipp S. 167 Anm. 3.

Wesentlich für den Begriff des Rechts ist nur der negative Inhalt, aber Inhalt und Form brauchen sich nicht immer zu decken; es ist sogar die Regel, daß das den Inhalt des dinglichen Rechts ausmachende „verbieten dürfen“ in der Form des „tun dürfen“ erscheint. Dies hat seinen Grund darin, daß es meist nicht möglich sein wird, einen Rechtsinhalt allein durch eine Aussage darüber zu begrenzen, was der Berechtigte verbieten kann. In diesen Fällen wird durch den Ausdruck zwar die Vorstellung erweckt, als komme es auf das „tun dürfen“, auf das Verhältnis der Person zur Sache an, gedankenmäßig aber liegt auch in der positiven Form der negative maßgebende Inhalt. Nur an einer Stelle im Gesetz kommt auch in der Form der Inhalt des dinglichen Rechts korrekt zum Ausdruck: bei der negativen Servitut (§ 1018 Satz 2 und 3). Auf Grund ihrer dürfen gewisse Handlungen auf dem Grundstücke nicht vorgenommen werden, oder ist die Ausübung eines Rechtes ausgeschlossen, das sich aus dem Eigentum an dem belasteten Grundstücke dem anderen Grundstücke gegenüber ergibt. Wie wir oben sahen, bedarf der Begriff „Ausschließung“ stets einer Ergänzung in der Richtung, wovon jemand ausgeschlossen wird. Die Ausschließung kann nicht schrankenlos sein, sie ist bemessen wie jeder Rechtsbegriff. Das Maß der Ausschließung aber wird hergenommen von dem, was jemand hat tun dürfen. Betrachten wir nunmehr die gesetzliche Bestimmung: Der Eigentümer des herrschenden Grundstücks darf jedermann verbieten, jedermann ausschließen, wovon aber? Von dem was der Eigentümer des belasteten Grundstücks oder ein anderer, etwa der Erbbauberechtigte hätte „tun dürfen“, z. B. beliebig hoch bauen; oder von dem, was der Eigentümer speziell von dem jetzt herrschenden Nachbargrundstück hätte verlangen „dürfen“, z. B. Beseitigung lästiger Zweige und Wurzeln. In diesen Fällen war es möglich, das Maß der Ausschließung von einem anderen herzunehmen. Daher konnte das Gesetz sagen: der dinglich Berechtigte darf jedermann ausschließen, insoweit der andere über die Sache hätte herrschen dürfen, und so die negative Natur des dinglichen Rechts rein zum Ausdruck bringen. In den meisten Fällen aber mußte daß Maß der Ausschließung von dem dinglich Berechtigten selbst hergenommen werden, zumal da das Gesetz begrenzte dingliche Rechte auch dort anerkennt, wo es kein Eigentum, also auch keine Rechtsausübung gibt, in deren

Verbietung das begrenzte dingliche Recht bestehen könnte. Hier war die Begrenzung gar nicht anders möglich als durch eine Aussage darüber, was der dinglich Berechtigte selbst mit der Sache tun darf. Korrekterweise wäre dann an jede Definition von dinglichen Rechten angefügt worden: insoweit darf er andere ausschließen. Das ist nur beim Eigentum geschehen. In § 903 aber ist der Zusatz darum falsch, weil das „verfahren dürfen" beliebig genannt wird, folglich auch die Ausschließung beliebig sein müßte, Belieben aber nie einen Rechtsinhalt ausmachen kann [1]). Wenn der gedachte Zusatz in den Definitionen der übrigen Sachenrechten auch fehlt, so ist er gedankenmäßig doch überall zu ergänzen, und dann erst erhalten wir eine Vorstellung vom dinglichen Recht.

Wir schließen unsere Untersuchung über das dingliche Recht mit der Antwort auf den von Endemann gegen die hier vertretene Auffassung erhobenen Einwand [2]). Endemann ist darin zuzustimmen, daß nach Sachnutzung und Sachgebrauch der Bereich der Sachenrechte gemessen wird, und daß beides für ihre Unterscheidung unentbehrlich ist. Aber allein machen sie das Wesen des Sachenrechts nicht aus. Sachherrschaft und Ausschließung ergänzen sich zu dem einheitlichen Rechtsbegriff: Dinglichkeit. Vom wirtschaftlichen Standpunkte interessiert an diesem Begriff das erste Moment, d. h. die Art und Weise, wie die Sache ergriffen und zu Geld gemacht wird, von juristischem Interesse ist allein das zweite Moment, die Beziehung des Berechtigten zu anderen Rechtssubjekten.

Wir haben uns der Grundschuld in immer enger werdenden Kreisen genähert. Innerhalb des ersten Abschnitts der Arbeit interessierte sie nur im Zusammenhange der übrigen begrenzten dinglichen Rechte und deren Verhältnis zum Eigentum. Über ihren Inhalt wurde nur ganz allgemein gesagt, daß sie eines der Herrschaftsrechte sei, die an einer Sache möglich sind. Im ersten Teil des zweiten Abschnitts haben wir „Sachherrschaft" dahin ausgelegt, daß nicht eigentlich das Herrschen über die Sache, sondern die anscheinend nebensächliche Nebenwirkung des Herrschens, die Ausschließung anderer, es ist, die das Wesen des dinglichen Rechts ausmacht. In dem

---

[1]) Teil I d. A. S. 8 fg.

[2]) S. 31 d. A.

vorliegenden Teil handelt es sich nun darum, die Harmonie der besonderen das Grundschuldverhältnis regelnden Gesetzesnormen und der für das dingliche Recht im allgemeinen festgestellten Begriffsmerkmale herzustellen. Hierbei kommt insbesondere in Betracht die Streitfrage, ob die Grundschuld, wie ihr Name besagt, ein Schuldverhältnis, eine Realobligation ist, d. h. eine Verbindlichkeit des jeweiligen Eigentümers, für die nur bis zum Werte des Grundstücks gehaftet wird, oder ob sie ein dingliches Zugriffsrecht ist.

Auf den ersten Blick scheint die Grundschuld wenig mit dem zu tun zu haben, was wir im vorigen als Kriterien der Dinglichkeit ansahen. Die Grundschuld ist als Recht auf Zahlung aus dem Grundstück definiert [1]). Inwiefern aber durch ein Recht auf Zahlung aus dem Grundstück auf das Grundstück eine Herrschaft ausgeübt wird, ist ohne weiteres nicht zu verstehen. Das natürlichere ist hier scheinbar, daß man sich zu diesem Zahlungsrecht einen Zahlungspflichtigen sucht. In dem Kopf-Paragraphen verschweigt das Gesetz den Schuldner zwar geflissentlich [2]), dafür kommt er in anderen Bestimmungen um so deutlicher zum Vorschein. § 1193 läßt nach Kündigung vonseiten des Eigentümers oder des Grundschuldberechtigten das Kapital der Grundschuld fällig werden, als ob Eigentümer und Grundschuldgläubiger sich als Gläubiger und Schuldner gegenüberstünden [3]). Nach § 1160 (§ 1192) kann der Eigentümer wie ein persönlicher Schuldner gemahnt werden, nach § 1195 kann die Grundschuld zu einer Inhaberforderung gemacht, nach § 592 ZPO. im Urkundenprozeß, nach § 688 ZPO. im Mahnverfahren verfolgt, endlich nach § 794. 5 ZPO. zum Gegenstand einer vollstreckbaren Urkunde gemacht werden, und in all diesen Fällen sieht die Zivilprozeßordnung die Grundschuld als Anspruch an.

Eine vielfach vertretene Meinung geht denn auch dahin, daß die Grundschuld eine Realobligation sei. Sein besonderes Gepräge erhält dieses Schuldverhältnis dadurch, daß die Haftung auf den Wert der Liegenschaft beschränkt ist, und daß die Schuldnerstellung mit dem Eigentum am Grundstück verknüpft ist [4]). Die Annahme einer solchen

---

[1]) § 1190.

[2]) Protokolle Bd. III S. 572, 582, 712.

[3]) Vergl. v. Schwind, Wesen und Inhalt des Pfandrechtes S. 141.

[4]) Protokoll II Bd. III S. 539.

sachenrechtlichen Obligation rechtfertigt sich nach v. Schwind [1]), abgesehen von den erwähnten Bestimmungen des Bürgerlichen Gesetzbuchs und der Zivilprozeßordnung aus folgenden Erwägungen. Sehe man in der Grundschuld das Recht, eine Geldsumme im Zwangswege aus dem Grundstücke beizutreiben, leugne man die Zahlungspflicht des Eigentümers und lasse man ihm gemäß § 1142 nur eine Lösungsbefugnis, so müßten die Zinszahlungen des Eigentümers als indebitum erscheinen, als Leistungen, auf die nicht eigentlich die Grundschuld abziele, die vielmehr freiwillig gemacht würden [2]), „damit der eigentliche Rechtsinhalt nicht zur Geltung komme." Die Zahlungen des Eigentümers würden gewissermaßen nur das Mittel sein, um die Realexekution, das über dem Haupt des Grundeigentümers hängende „Damoklesschwert", abzulenken. Eine derartige Konstruktion sei aber rechtsirrtümlich und lasse auf ein „durch gewagte juristische Konstruktionen sehr abgehärtetes Gemüt" schließen. Die Sache sei viel einfacher zu erklären, wenn man die Grundschuld sein lasse, was ihr Name besage, nämlich eine Schuld des Grundeigentümers [3]). Besonderheit dieser Schuld sei, daß keine persönliche Haftung bestehe. Dafür sei der Gläubiger aber durch die rein sachliche Haftung eines bestimmten Grundstücks sichergestellt. Diese Haftung sei eine unpersönliche in dem Sinne, daß die Sache nicht als Bestandteil des schuldnerischen Vermögens, sondern losgelöst aus dem Vermögen irgendeiner Person, als selbständiger Wertträger hafte.

Siber [4]) legt bei der Konstruktion der Grundschuld besonders Gewicht auf ihre Verfolgbarkeit im Mahnverfahren [5]) und die Anwendbarkeit der Verzugsgrundsätze aus dem Recht der Schuldverhältnisse [6]). Gemäß § 688 ZPO. könne der Grundschuldgläubiger zwecks Verwirklichung seines Rechts einen Zahlungsbefehl erwirken. Der Zahlungsbefehl gebe dem Schuldner auf, bei Vermeidung sofortiger Zwangsvollstreckung den Gläubiger wegen des Anspruchs zu befriedigen oder Widerspruch zu erheben [7]). Nehme man nun an,

---

1) S. 129 fg.
2) v. Schwind S. 130.
3) v. Schwind S. 132.
4) Rechtszwang S. 201 fg.
5) ZPO. § 688.
6) BGB. § 1146 (1192).
7) ZPO. § 692.

daß die Zwangsvollstreckung in das Grundstück der einzige Weg sei, auf dem das Gläubigerrecht befriedigt werden könne [1]), so werde in dem Zahlungsbefehl dem Schuldner etwas befohlen, wozu er gar nicht in der Lage sei, denn nur der Gläubiger könne das Grundstück zur Zwangsversteigerung bringen. Auf eine Leistung aus dem übrigen Vermögen des Eigentümers aber könne der Zahlungsbefehl nicht abzielen, denn dazu sei der Eigentümer nicht verpflichtet. Es bleibe also nichts anderes übrig, als daß der Eigentümer auch zu einer freiwilligen Leistung aus dem Werte des Grundstücks verpflichtet sein müsse.

§ 1146 lautet: „Liegen dem Eigentümer gegenüber die Voraussetzungen vor, unter denen ein Schuldner in Verzug kommt, so gebühren dem Gläubiger Verzugszinsen aus dem Grundstück." Gemäß § 285 BGB. ist Voraussetzung des Verzuges, daß die Leistung unterbleibt infolge eines Umstandes, den der Schuldner zu vertreten hat. Aus diesen Bestimmungen schließt Siber [2]): Regelmäßig habe der Schuldner nur Verschulden zu vertreten. Hierunter könne weder fallen, daß die Zwangsvollstreckung unterblieben sei, noch daß er von der Lösungsbefugnis nicht Gebrauch gemacht habe, denn zum einen sei er rechtlich nicht fähig, zum anderen sei er nicht verpflichtet. Wenn der Eigentümer nach § 1146 trotzdem für die Nichtleistung der Geldsumme einstehen müsse, so sei dies ohne die Annahme einer Verpflichtung zur Zahlung nicht zu verstehen. Diese Konstruktion hat m. E. namentlich ein schweres Bedenken gegen sich, nämlich, daß das Gesetz eine Forderung aus der Grundschuld ausdrücklich ausschließt [3]). Hiermit weiß Siber sich folgendermaßen auseinanderzusetzen: Die fragliche Bestimmung hätte eigentlich lauten müssen: „Auf die Grundschuld finden die Vorschriften über die Hypothek entsprechende Anwendung, soweit sich nicht daraus ein anderes ergibt, daß die Grundschuld nicht eine persönliche Forderung voraussetzt." Das Gesetz gehe in seiner Fassung von einem Sprachgebrauche aus, der unter „Forderung" stets eine Forderung mit unbeschränkter persönlicher Haftung verstehe. Lege man aber dem Gesetzeswortlaut diesen besonderen Sinn zugrunde, so lasse sich die Konstruktion einer Real-

---

[1]) § 1147 (1192).

[2]) S. 200.

[3]) § 1192 Abs. arg.

obligation mit ihm vereinen, denn nach dieser sei ja die Grundschuld eine Forderung mit gegenständlich beschränkter Haftung, nämlich Haftung bis zur Höhe des Grundstückswerts, und eine derartige Forderung sei vom Gesetz nicht ausgeschlossen.

Von den Ausführungen von Fuchs[1]) verdient folgendes Argument besondere Beachtung. Damit es zur Zwangsvollstreckung kommen könne, müsse zuvor der Eigentümer zur Duldung verurteilt werden. Lasse man nun die Grundschuld in diesem Anspruch auf Duldung der Zwangsvollstreckung sich erschöpfen, so sei nur etwas Selbstverständliches besonders unterstrichen, denn das Recht auf Zwangsvollstreckung wohne jedem persönlichen und dinglichen Anspruch inne. Es müsse also etwas anderes den Inhalt des Grundschuldrechts ausmachen, und das sei die Realobligation.

Die Theorie der Realobligation hat eine unangreifbare Position, soweit sie sich auf die gesetzlichen Bestimmungen stützt, in denen die Grundschuld als Schuldverhältnis zwischen dem Grundschuldberechtigten und dem Eigentümer behandelt wird. So ist insbesondere den Ausführungen von Siber durchaus darin zuzustimmen, daß von Verzug des Eigentümers, Kündigung des Grundschuldkapitals, einen auf Zahlung der Summe gerichteten Zahlungsbefehl usw. nicht gut die Rede sein kann, wenn man nicht annimmt, daß der Eigentümer Schuldner ist. Eine Entgegnung auf die Theorie der Realobligation muß darauf verzichten, sie an diesen Stellen widerlegen zu wollen, aber eine andere Art der Bekämpfung ist möglich, nämlich, sie einzukreisen, oder, ohne Bild gesprochen, die Erheblichkeit der genannten Bestimmungen des BGB. und der ZPO. zu erschüttern, ihnen eine Sonderstellung zuzuweisen, die keine Rückschlüsse grundlegender Natur gestattet. Dies geschieht in m. E. überzeugender Weise durch den Gedanken[2]), daß die genannten Vorschriften sich „aus dem wirtschaftlichen Bedürfnis und der Ähnlichkeit, welche das hier fragliche Recht infolge seines Inhalts mit einem Forderungsrechte hat" zur Genüge erklären lassen. In all diesen Vorschriften sind im Interesse der bequemeren Handhabung der Grundschuld erprobte Sätze des Schuld- und Prozeßrechts herangezogen, ohne

---

[1]) GBR. S. 375.

[2]) Planck S. 517 Vorbem. 3 vor § 1113.

daß aus ihnen zu folgern wäre, daß die Grundschuld eine wirkliche Schuld ist. Im übrigen sprechen schwerwiegende Gründe gegen die Realobligation. Die Realobligation ist ein Schuldverhältnis, in welchem der jeweilige Schuldner durch das Eigentum an dem belasteten Grundstück bestimmt wird. Wir haben damit ein Schuldverhältnis nach Art der römischen actio in rem scripta, eine Wanderschuld, in der es auf die Person des Schuldners nicht ankommt. Nach geltendem Recht aber gehört „die konkrete Bestimmung des verpflichteten Schuldners" [1]) zum Wesen des Schuldverhältnisses. Das moderne Schuldrecht kennt zwar Rechtsverhältnisse, in denen es auf die Person des Gläubigers nicht ankommt, dagegen würde ein Schuldverhältnis mit unbestimmtem Schuldner eine Abnormität bedeuten, die überdies geeignet wäre, die Grenzen zwischen dem Rechte der Schuldverhältnisse und dem Sachenrecht zu verwischen [2]). Führt die Realobligation schon zu ungewöhnlichen Erscheinungen, solange die belastete Liegenschaft einen Eigentümer hat, so versagt sie vollends, wenn — was ja für den Bestand des dinglichen Rechts ohne Einfluß ist — das Grundstück herrenlos wird [3]). Sie versagt weiter bei der Erklärung einer Reihe von anderen Erscheinungen. Wirtschaftlicher Haupteffekt der Grundschuld ist die Zahlung der Geldsumme. Daneben haben wir ihre Fähigkeit gegen Verschlechterungen des Grundstücks durch den Eigentümer oder Dritte Front zu machen [4]) und die andere wichtige Eigenschaft, daß sie nachstehende Realgläubiger nach Maßgabe der Rangordnung in der Zwangsversteigerung vom Grundstückserlös ausschließt. Da die Theorie der Realobligation ihr Augenmerk ausschließlich auf den wirtschaftlichen Erfolg der Grundschuld richtet, und diesen, die Zahlung der Geldsumme, zum eigentlichen und einzigen Rechtsinhalt macht, so müssen die übrigen m. E. juristisch allein interessierenden Wirkungen der Grundschuld gänzlich unter den Tisch fallen" [5]); denn mit der Verpflichtung des Eigentümers zur Zahlung haben sie nichts zu tun.

---

[1]) Endemann S. 9 § 3, 3.

[2]) Endemann S. 14 § 3, 5 und Anm. 22.

[3]) Planck S. 517 Vorbem. 3 von § 1113, Horn, Die Eigentümerhypothek. S. 13.

[4]) § 1134.

[5]) Horn S. 13.

Wenn endlich Fuchs[1]) meint, es bleibe nicht genug für die Grundschuld übrig, wenn man die Zahlungspflicht des Grundeigentümers fortlasse und nur einen Anspruch auf Duldung der Zwangsvollstreckung übrig behalte, und diese Ansicht damit begründet, daß zu jedem Anspruch das Recht auf Zwangsvollstreckung gehöre — so ist darauf zu erwidern: Das Recht auf Duldung der Zwangsvollstreckung und das Recht auf Zwangsvollstreckung sind Dinge, die nichts miteinander zu tun haben. Zum Begriff des Rechts gehört, wie wir oben S. 25 d. A. ausgeführt haben, die Erzwingbarkeit. Recht ist erzwingbare (Handlungs- oder Unterlassungs)-Pflicht eines bestimmten Gegners oder beliebigen Gegners. Da es eine private Exekution grundsätzlich nicht gibt, so gewährt mir die Rechtsordnung aus dem richterlich geprüften und festgestellten Recht einen publizistischen Anspruch auf Benutzung des staatlichen Zwangsapparates. Das ist das Recht auf Zwangsvollstreckung[2]).

Die Grundschuld ist ein Ausschließungs- oder Verbietungsrecht, oder, was dasselbe besagt, ein Recht auf Duldung oder Unterlassung. Das Maß der Ausschließung richtet sich nach der Summe, die der Grundschuldberechtigte aus dem Grundstückserlöse fordern darf[3]). Dieses „fordern dürfen" ist ihr wirtschaftlicher Inhalt. „Insoweit" darf er den Eigentümer und nachstehend dinglich Berechtigte ausschließen. Dies ist ihr rechtlicher Inhalt. Nun vollzieht sich hier die Einwirkung des Berechtigten auf die Sache nur mittelbar, nämlich unter Vermittlung der staatlichen Organe, durch Zwangsvollstreckung. So kommt es, daß der das Wesen des dinglichen Rechts ausmachende Anspruch auf Duldung hier einmal auf Duldung der Zwangsvollstreckung lautet. Also: das eine ist ein publizistischer, das andere ein privatrechtlicher Anspruch. Das eine ein Recht auf Vornahme der Zwangsvollstreckungshandlungen, das andere ein Recht auf Duldung. Daß gerade die Zwangsvollstreckung geduldet werden

---

[1]) S. 375.

[2]) Hellwig Anspr. S. 492.

[3]) § 1191 besagt nichts anderes. Die unpersönliche Form, daß . . . . zu zahlen ist, deutet darauf, daß es auf die Person des Zahlers nicht ankommt. Mag vom Eigentümer, oder einem nach § 58 ZPO. bestellten Vertreter oder vom Richter im Zwangsversteigerungstermin gezahlt werden, im Rahmen des Grundschuldinstituts interessiert nur, daß jemand Geld aus dem Erlöse bekommt.

soll, ist für die Natur dieses Anspruchs unerheblich. Beim Nießbrauch würde der Anspruch entsprechend auf Duldung der Sachnutzung lauten. Der Unterschied liegt in der Realisierungsform. Bei Eigentum, Erbbaurecht, Dienstbarkeiten, Nießbrauch ist sie Sachgebrauch und Sachnutzung, bei den Grundpfandrechten ist sie Sachverwertung im Wege der Zwangsvollstreckung. Überall besteht eine Duldungspflicht aller gegenüberstehenden Personen, und auf diese allein, nicht auf das, was im einzelnen Falle zu dulden ist, kommt es an. Es ist richtig, daß bei dieser Auffassung die Zinszahlungen als Leistungen ohne Rechtsgrund erscheinen — die Situation des Eigentümers erinnert in der Tat an die des Damokles. Aber ein Grund zur Annahme einer Leistungspflicht liegt nicht vor. Der Eigentümer mag also, wenn ihm nicht viel an seinem Eigentum liegt, die Zinszahlung verweigern; der indirekte Zwang, die drohende Zwangsversteigerung wird indessen genügen, um ihn zum pünktlichen Zinszahler zu machen.

In neuerer Zeit hat das Grundschuldsproblem auf Grund germanistischer Forschungen [1]) insbesondere in den Darstellungen von Puntschart [2]) und Schwind [3]) eine ganz neuartige Beleuchtung erfahren. Wir wollen unsere Betrachtung der Grundschuld mit einer kurzen Berichterstattung und Kritik dieser Lehre abschließen.

Quintessenz der deutschrechtlichen Grundschuldtheorie ist die Unterscheidung von Schuld und Haftung. Das römische Recht kannte diese Unterscheidung nicht. Es sah Schulden und Haften als unteilbare Einheit an. Soweit geschuldet wurde, wurde auch gehaftet, Schulden und Haften waren identisch, daher war eine Teilung in der Weise, daß voll geschuldet, aber beschränkt gehaftet wurde logisch unmöglich [4]). Nach deutschem Recht sind Schuld und Haftung zweierlei: „Die Schuld ist die Rechtslage des Sollens im Sinne des Bestimmtseins, und zwar beim Schuldner des Leistensollens. Sie ist jedoch nur jenes Leistensollen, welches sich nicht als Ausfluß der per-

---

[1]) Amira, Obligationenrecht der Nordgermanen S. 40 fg.

[2]) Der Grundschuldbegriff des deutschen Reichsrechtes.

[3]) Wesen und Inhalt des Pfandrechtes S. 129 fg.

[4]) Vergl. insbes. v. Lemayer in der allg. österr. Gerichtszeitung von 1869 Nr. 2. Puntschart S. 10.

sönlichen Haftung darstellt." [1]) Haftung „ist Einständerschaft, Bürgschaft, Gewährschaft, Verpfändung, Pflicht", in diesem Sinne also die rechtliche Bestimmung, für eine Schuld Genugtuungs- und zunächst Ersatzobjekte zu werden und hierdurch Sicherung zu gewähren für den Fall, daß die Schuld nicht oder nicht entsprechend erfüllt wird." Die Schuld ist begrifflich von dem Moment des Haftens oder Einstehensollens losgelöst, sie ist Pflicht und verlangt stets eine Person als Träger [2]), sie ist eine reine Pflicht, d. h. Erzwingbarkeit ist nicht Essentiale der Schuld [3]). Die Haftung erfaßt entweder Personen oder Sachen. Haftet eine Person, so wird sie in ihrer Eigenschaft als Träger wirtschaftlicher Kraft in Anspruch genommen. Je nachdem diese im ganzen oder zum Teil herangezogen wird, ist von einer unbeschränkt- oder beschränkt-persönlichen Haftung zu sprechen. Bei der unbeschränkt persönlichen Haftung ist das gesamte Vermögen, bei der beschränkt-persönlichen Haftung nur ein Teil des Vermögens dem Zugriffe des Gläubigers ausgesetzt. Ganz anders ist die Sachlage, wenn schlechthin die Sache haftet.

Die Sache haftet als solche, nicht weil sie Bestandteil von irgend jemandes Vermögen ist. Dies äußert sich darin, daß eine Sache, welche der Vermögenshaftung unterliegt, aufhört zu haften, sobald sie aus dem Vermögen ausscheidet, haftet die Sache selbst, so ist es ohne Einfluß für die Haftung, ob die Sache im Vermögen des A oder des B ist. „Die persönliche Haftung ist die materiell rechtliche Grundlage des Angriffs auf die Person, der Klage, und Vollstreckung gegen die Person. Sie ist die rechtliche Form des Personalkredites" [4]). Ist dagegen ein Pfand bestellt, an beweglicher oder unbeweglicher Sache, so können persönliche und Sachhaftung zusammentreffen oder allein eine Sachhaftung begründet sein. Die Sachhaftung erscheint als die „rechtliche Form des Realkredites."

Diese Form der Haftung wird von der deutschrechtlichen Grundschuldtheorie zur Konstruktion der Grundschuld verwandt. Bei der Grundschuld besteht reine Sachhaftung. Haften aber ist Einstehen

---

[1]) Puntschart S. 13.
[2]) Ebenda.
[3]) Puntschart S. 15.
[4]) Puntschart S. 14.

für Schuld[1]). Also gibt es auch bei der Grundschuld eine „Schuld" [2]) und mit dieser „Schuld" hat es folgende Bewandtnis: die durch persönliche Haftung gesicherte Schuld umfaßt nach deutschrechtlicher Auffassung das „Bestimmtsein" des Schuldners zum Leistensollen und des Gläubigers zum Bekommensollen [3]). Bei der durch reine Sachhaftung gesicherten Schuld gibt es nur einen Gläubiger „und die rechtliche Tatsache, daß durch die Leistung einer bestimmten Geldsumme von seiten einer Person eine Schuld erfüllt wird. Vom Schuldgrunde und der Person des Schuldners wird abgesehen." Was nach § 267 BGB. für das Schuldverhältnis gilt, nämlich, daß die Leistung nicht aufhört, eine geschuldete zu sein, wenn sie von einem anderen als dem Schuldner bewirkt ist, das ist auch auf die Pfandschuld anzuwenden. Die Pfandschuld wird von einem „nicht schuldenden" Zahler geleistet. Nur darauf kommt es an, daß eine Schuld erfüllt wird, wessen sie ist, das ist für das Grundschuldrecht ohne Bedeutung. „Erforderlich ist nur, daß bei Vorhandensein der Voraussetzungen für die Gültigkeit des Rechtsgeschäftes überhaupt eine Person und zwar nicht als Ausfluß ihrer Haftung und unter Umständen leistet, welche die Haftung kennzeichnen" [4]).

Die hier wiedergegebene Theorie enthält mit ihrer Unterscheidung von Schuld und Haftung gegenüber dem Obligationsbegriff des römischen Rechts zweifellos eine wesentliche Neuerung. Daß dasselbe gegenüber dem bürgerlichen Recht gelte, daß auch das bürgerliche Recht Schuld und Haftung identifizieren[5]) findet unseres Erachtens im Gesetz keine Stütze. Zum Schuldverhältnis gehört nur, daß es erzwingbar ist[6]). Da aber ein auf Erwirkung der Leistung unmittelbar gegen die Person des Schuldners gerichteter Zwang grundsätzlich[7]) nicht zulässig ist, so ist der Gläubiger auf eine Reihe

[1]) S. 41 d. A.; Dernburg § 209 S. 589 fg.

[2]) Nach Dernburg „Pfandschuld", vergl. auch Puntschart S. 112 fg.

[3]) Puntschart S. 13.

[4]) Puntschart S. 113.

[5]) Puntschart S. 11; Siber § 26 S. 183.

[6]) Motive II S. 3 fg. „Unter Schuldverhältnis ist grundsätzlich die klagbare Obligation, ein Schuldverhältnis, bei welchem die Erfüllung der Verbindlichkeit erzwingbar ist, verstanden." Siber § 11 S. 69.

[7]) Nur in § 885 ZPO.: wenn eine unbewegliche Sache oder ein bewohntes Schiff herauszugeben ist, wird auch die Person des Schuldners in Mitleidenschaft gezogen.

von Ersatzmitteln angewiesen. Solcher Ersatzmittel gibt es vier: Die Zwangsvollstreckung in das Vermögen wegen Geldforderungen [1]), die Zwangsvollstreckung zur Erwirkung von Handlungen [2]) insbesondere der Herausgabe von Sachen [3]), die Zwangsvollstreckung zur Erwirkung von Unterlassungen [4]) und Willenserklärungen [5]). Nur bei der ersten dieser Vollstreckungsarten kann von Haftung die Rede sein, denn nur dort gibt es Vermögensstücke, die einzustehen haben. Nach dem von Puntschart dem Bürgerlichen Gesetzbuche unterstellten Obligationsbegriffe würde für Schuldverhältnisse, die auf andere als Geldforderungen gehen, überhaupt kein Platz sein. Nach römischem Recht war die Identifizierung von Schuld und Haftung daraus zu erklären, daß jede Schuld durch die Geldkondemnation in eine Geldschuld überging, also jede Schuld aus haftenden Vermögensstücken zur Realisierung kommen konnte. Heute ist dieser Weg nur einer von vielen, heute ist jede Leistung, die den Gegenstand eines Schuldverhältnisses bilden kann, erzwingbar. Bedeutet aber Haftung nur eine der Formen, in welchen der Zwang zum Austrag kommt, ist nur der Umstand, daß es einen Zwang gibt, wesentlich, dann kommt es auch nicht darauf an, welchen Erfolg der Zwang hat, und ob er überhaupt Erfolg hat. Ebensowenig wie die freiwillige Erfüllung zum Begriffe der Forderung nötig ist, ist es die zwangsweise Erfüllung. Wenn also infolge der beschränkten Haftung des Schuldners nur ein Teil der Leistung erzwingbar ist, so ist sie doch ganz geschuldet. Ob durch Vereinbarung zwischen Gläubiger und Schuldner, oder kraft Gesetzes ein Teil des schuldnerischen Vermögens rechtlich dem Zugriffe des Gläubigers entzogen ist, oder ob tatsächlich kein Vermögen vorhanden ist, das ist für den Begriff der Schuld gleich unerheblich. Schuld ist erzwingbare Pflicht einer bestimmten Person, wobei „erzwingbar" in dem Sinne zu denken ist, daß die gesetzliche Handhabe zur Erzwingung der Leistung, der Anspruch auf Zwangsvollstreckung [6]) vorhanden, nicht auch daß der Zwang erfolgreich ist.

---

[1]) ZPO. Buch 8. Zweiter Abschnitt.
[2]) ZPO. § 887 fg.
[3]) ZPO. § 883 fg.
[4]) ZPO. § 890 fg.
[5]) ZPO. § 894 fg.
[6]) Vergl. S. 39 d. A.

Mit dem Nachweise, daß das Bürgerliche Gesetzbuch einen anderen Obligationsbegriff hat als das römische Recht, ist die Behauptung [1]) widerlegt, daß die Grundschuld im Schuldbegriff nicht unterzubringen sei. Auch nach heutigem Recht ließe sich die Grundschuld sehr wohl als eine Schuld mit beschränkter Haftung konstruieren. Die Gründe, welche gegen eine derartige Konstruktion sprechen, liegen nicht sowohl im Bereich des Schuldbegriffs als in dem des Haftungsbegriffs. Die sogenannte reine Sachhaftung, welche nach deutschrechtlicher Auffassung das Merkmal der Grundschuld ist, hat mit Haftung nichts zu tun. Haftende Sachen sind bestimmt, als Ersatzobjekt zu dienen, wenn die freiwillige, primär geschuldete Leistung ausbleibt. Bei der Grundschuld gibt es keine Verpflichtung zu freiwilliger Leistung, es gibt keine Schuld. Die von Puntschart gelehrte eigenartige Schuld ohne Schuldgrund und Schuldner ist nichts anderes als die Realobligation [2]) und was wir gegen diese ausführten [3]), trifft auch Puntschart. Der Haftungsbegriff ist untrennbar mit dem der Schuld verknüpft. Bei der Schuld aber kann die Person des Schuldners nicht fehlen. Also gibt es nur persönliche, d. h. Vermögenshaftung. Wo die Person des Schuldners fehlt, da wird nicht gehaftet, nicht eingestanden. Ein Rechtsverhältnis, das eine Sache zum Gegenstand hat, und in dem es auf die Person des Verpflichteten nicht ankommt, nennen wir eben dingliches Recht, und die der Sache ohne Rücksicht auf deren Vermögenszugehörigkeit folgende sogenannte reine Sachhaftung ist nur ein anderer Name dafür.

§ 6. Eigentümergrundschulden entstehen entweder als abgeleitete oder als ursprüngliche Rechte. Die EG. kann von vornherein für den Eigentümer bestellt werden. § 1196. Entsteht die EG. durch Ableitung, so können als Ursprungsrechte Hypotheken und Grundschulden in Frage kommen. Bestand vorher eine Grundschuld, so entsteht eine EG. durch Rechtsvereinigung § 889, durch Verzicht des Gläubigers auf die Grundschuld § 1168 (§ 1192), durch Ausschließung des Gläubigers im Aufgebotsverfahren § 1170 (§ 1192). Eine Sonderstellung nimmt der Fall ein, daß der Grundschuldbrief

---

[1]) Puntschart S. 10; v. Schwind S. 131.

[2]) Vergl. Horn S. 21.

[3]) S. 38 fg. d. A.

zwar ausgefertigt, aber noch nicht begeben ist. Hier steht die Grundschuld bis zur Begebung dem Eigentümer zu § 1163 Abs. 2 (§ 1192). War das Ursprungsrecht eine Hypothek, so ergibt sich eine doppelte Reihe von Einzelfällen. Die Fälle der einen Reihe ergeben sich aus den Rechtsschicksalen der Hypothek, die der anderen Reihe aus den Rechtsschicksalen der Forderung. Soweit die Hypothek hier als dingliches Recht in Frage kommt, sind die Entstehungsgründe für die Eigentümergrundschulden dieselben wie bei der Grundschuld, nämlich: Rechtsvereinigung, Verzicht des Gläubigers [1]), Ausschließung des Gläubigers und Fehlen der Begebung des Hypothekenbriefs. Soweit die Rechtsschicksale der Forderung maßgebend sind, gilt besonderes: Eine EG. entsteht, wenn die Forderung erlischt. § 1163, Abs. 1 Satz 2, z. B. wenn der mit dem Schuldner identische Grundeigentümer die hypothekarisch gesicherte Darlehnsschuld ausbezahlt hat, wenn der Gläubiger die Schuld erläßt, eine Resolutivbedingung eintritt usw. [2]). Eigentümergrundschulden entstehen ferner, wenn die Forderung nicht zur Entstehung gelangt ist. § 1163 Abs. 1 Satz 1. z. B. weil das Darlehn nicht gegeben wurde [3]), oder weil die Forderung aus einem angefochtenen Rechtsgeschäfte entsprang § 142. Zu den Fällen des Nichtentstehens der Forderung sind auch die zu rechnen, in denen eine Hypothek für eine bedingte oder befristete Forderung bestellt wird (§ 1113 Abs. 2) und der Eigentümer die sofort wirksame Belastung als Eigentümergrundschuld erwirbt [4]). Die Voraussetzungen, unter denen wir abgeleitete Eigentümergrundschulden beobachten, lassen sich in folgenden Sätzen zusammenfassen: Allgemein ist erforderlich, daß eine wirksame Belastung vorliegt.

Subjekt dieser Belastung wird der Eigentümer stets dann, wenn der für das Recht eines Dritten erforderliche Tatbestand noch nicht oder nicht mehr vorliegt.

Solche Lücken können sich sowohl aus dem persönlichen wie dem dinglichen Verhältnisse zwischen Eigentümer und Gläubiger ergeben. Das Gläubigerrecht ist unvollständig, wenn:

die persönliche Forderung noch nicht oder nicht mehr besteht oder

---

[1]) Verzichtet der Hypothekar auf die Forderung, so gilt § 1163 Satz 2.

[2]) Fuchs S. 527.

[3]) Staudinger S. 708. Bem. II 1 a α zu § 1163.

[4]) Planck S. 524. Bem. 5 zu § 1113; A. M. Horn S. 82.

Hypothek oder Grundschuld noch nicht (mangels Begebung des Briefs) oder nicht mehr (wegen Verzichts usw.) bestehen.

§ 7. Die Zweckmäßigkeitsgründe, aus denen das Gesetz den Eigentümer wie aus einer Versenkung hervorholt, wenn eine buchmäßig vorhandene Belastung subjektlos zu bleiben oder zu werden droht, lassen sich am besten vielleicht in der Weise darlegen, daß wir die entsprechenden Verhältnisse des älteren römischen Rechts zum Vergleich heranziehen. War in Rom ein Grundstück von zwei Gläubigern beliehen, so hatte ein eigentliches Pfandrecht nur der erste. Der andere hatte nur eine Pfandanwartschaft, die erst dann zu einem gültigen Pfandrecht erstarkte, wenn der Vordermann ausbezahlt wurde [1]). Im modernen Rechte bestehen zwei juristisch gleichwertige Rechte. Nach römischem Recht wurde folgendermaßen spekuliert: Wird mein Vordermann nicht befriedigt, macht er dann von seinem Verkaufsrecht Gebrauch, so ist es mit meiner Pfandanwartschaft zwar zu Ende, dafür trete ich aber an seine Stelle, wenn er abgefunden wird. Im modernen Recht rechnet der an zweiter Stelle Berechtigte von vornherein mit dem Bestehenbleiben der ersten Belastung. Nach römischem Rechte ist das zweite Pfandrecht in seinem Bestande, nach modernem Recht nur in seinem Umfange durch das vorangehende bedingt. Im römischen Recht ist es nicht mehr wie billig, daß der zweite Pfandgläubiger aufrückt, denn das war ja seine einzige Gewinnchance, im modernen Rechte wäre es unbillig, denn es wird überhaupt nur die geringere Chance in Betracht gezogen. In den Fällen, in welchen die Stelle ohne Zutun des Eigentümers frei werden würde, etwa wegen Nichtigkeit der Forderung oder wegen Verzichts des Gläubigers auf die Hypothek, würde die Unbilligkeit des Aufrückens nur darin liegen, daß die folgenden dinglich Berechtigten ungerechtfertigterweise bereichert würden [2]). In anderen Fällen würde die Bereicherung obendrein auf Kosten des Eigentümers geschehen, z. B. dann, wenn der Eigentümer den Berechtigten abgefunden hat, oder dort, wo das dingliche Recht durch Rechtsvereinigung fortfallen würde; während doch das Recht der Nachhypothekare nur das Grundstück erfassen soll, würde ihnen

---

[1]) Dernburg § 218 S. 721, vergl. l. 9 § 3 D. 20, 4; A. M. Windscheid § 241 Anm. 3.

[2]) Hachenburg, Vorträge S. 521.

hier ein Vorteil zugewendet aus dem ihrem Rechte nicht unterliegenden übrigen Vermögen des Eigentümers. Den Nachteil hätten der Eigentümer und seine persönlichen Gläubiger. Alle diese Unzuträglichkeiten werden vermieden, indem das Gesetz den Eigentümer in die Belastung einrücken läßt [1]).

§ 8. Wir wenden uns nunmehr den einzelnen die EG. betreffenden Theorien zu. Wir wollen insbesondere drei typische Ansichten auf der theoretischen Grundlage des ersten und zweiten Abschnitts der Arbeit eingehender behandeln, und zwar in der Reihenfolge, in der sie sich der richtigen Lösung des Problems der Eigentümergrundschuld nähern: nämlich die Theorie der Wertteile, wie sie von Oberneck für das Bürgerliche Gesetzbuch vertreten wird, die Theorie des objektiven und subjektiven Bestandes der EG. von Gierke und die Hachenburgsche Theorie der subjektlosen Rechte.

Nach der Theorie der Wertteile [2]) gewährt das Eigentum unter anderem die Befugnis, das Grundstück zu verwerten. Es erfaßt grundsätzlich den gesamten Wert. Will der Eigentümer sich den Wert mit einem Schlage verschaffen, so veräußert er, will er sich ihn nach und nach verschaffen, so belastet er. Hierzu gibt ihm die Grundbuchverfassung die Mittel an die Hand, indem sie es ihm ermöglicht, den Grundstückswert zahlenmäßig in selbständige Teile, die Wertteile, zu zerlegen. Diese Wertteile dienen ihm dazu, die liegenden Werte beweglich zu machen. Dies kann auf dreifache Weise geschehen: der Eigentümer verschafft sich selbst ein aus seinem Eigentum herausgehobenes Sonderwertrecht durch Bestellung einer EG. § 1196, oder er vergibt das neugeschaffene Teilwertrecht zur Sicherung einer persönlichen Forderung oder ohne diese Beziehung an einen Dritten, (§§ 1113, 1191) oder er behält sich Dritten gegenüber die Vergebung eines Wertteils in der einen oder der anderen Weise vor (§ 881 BGB.) Zwischen den beiden ersten Formen der Verwertung besteht eine

---

[1]) Hachenburg S. 520, 521; Fuchs S. 519; Jakubetzki S. 213; Staudinger Bem. I2 zu § 1163; Motive III S. 203; Protokolle II Bd. III S. 600; Denkschrift S. 159; Planck, Bem. 1 zu § 889; Endemann § 116 Bem. 1a; Crome § 474 S. 757; Dernburg § 218 S. 720.

[2]) Oberneck, Grundbuchrecht Bd. II § 114. 4 § 114a S. 19—27; Gruchot Bd. 47, 306 fg.

innere Beziehung, die sich im Sinne der Oberneck schen Theorie vielleicht dadurch am besten ausdrücken läßt, daß man das Gläubigerwertrecht ein Stadium des Eigentümerwertrechts nennt. Jedes Eigentümerwertrecht kann nämlich zum Gläubigerwertrecht werden, indem der Eigentümer die ausgesonderten und ursprünglich ihm selbst vorbehaltenen Wertteile auf einen Gläubiger überträgt. Umgekehrt kann auch jedes Gläubigerwertrecht zum Eigentümerwertrecht werden, nachdem der Zweck seiner Bestellung wieder fortgefallen ist[1]). Der Grundstückswert, einmal ausgesondert und in der Form des Gläubigerwertrechts grundbuchmäßig verselbständigt, behält dann aber diese Form, obgleich er wieder Eigentumsinhalt geworden ist. Das so entstehende Eigentümerwertrecht ist formell Hypothek- oder Grundschuld, materiell Eigentum. Diese Rechtserscheinung läßt sich am m. E. besten im Vergleich mit einem Vorgange aus der Naturgeschichte verstehen. Das Eigentum treibt Mimikri mit den Rechten, mit denen es in derselben Grundbuchabteilung zusammensteht. Die Folge ist, daß jemand zwei Sorten Eigentum hat, gewöhnliches, d. i. rang- und formloses Eigentum, das hinter den Gläubigerrechten steht, und form- und rangbegabtes Eigentum, das zwischen den Gläubigerrechten steht.

Die Theorie der Wertteile trifft der Vorwurf, daß sie dem Wortlaut des Gesetzes zuwiderläuft. Aus dem Ideenkreise der absolutistischen Eigentumslehre, die zwar nicht ausgesprochenerweise, aber doch tatsächlich die logische Grundlage der Wertparzellentheorie bildet, argumentiert Oberneck: das Eigentum ist unbeschränkte Sachherrschaft. Diese enthält schon das gesamte an einer Sache überhaupt denkbare Verwertungsrecht. Nun steht zwar im Gesetz, daß der Eigentümer ein neues, selbständiges Verwertungsrecht hinzuerwirbt (§§ 1163, 1168, 1170), aber ein Recht der Art sei begrifflich neben dem Eigentum nicht möglich, denn das Eigentum umfasse bereits alle Rechte auf Verwertung, folglich müsse das vom Gesetz als Hypothek bzw. Grundschuld bezeichnete Recht des Eigentümers

---

[1]) Protokolle Bd. III S. 603: „wenn eine Hypothek begründet werde, so liege darin zugleich die Bestellung einer Eigentümerhypothek. Letztere könne nicht geltend gemacht werden, solange sie mit dem Rechte des Gläubigers belastet sei. Falle aber das Recht des Gläubigers durch Verzicht fort, so gelange die Eigentümerhypothek zur Wirksamkeit und zwar ohne einen Akt der Übertragung."

etwas anderes sein, als was es nach dem Gesetzeswortlaut zu sein scheine. Der Ausweg heißt nach Oberneck: Das Recht ist formell Grundschuld, materiell Eigentum. Sollte es aber nicht richtiger sein, in der Grundschuld des Eigentümers auch nach der materiellen Seite zu sehen, was ihr Name besagt? Sollte man nicht lieber die gesetzlichen Vorschriften über die EG. zum Ausgangspunkt nehmen und den Eigentumsbegriff revidieren, statt auf den vagen Begriff eines universalen Eigentumsrechts eine Theorie aufzubauen, die gegen den nicht mißzuverstehenden Wortlaut des Gesetzes verstößt? Nach Oberneck kann die EG. nicht wahre Grundschuld sein, weil ihr das Wichtigste zur Grundschuld, die Zwangsvollstreckungsbefugnis fehlt [1]). § 1197. Nach richtiger Ansicht ist die Zwangsvollstreckungsbefugnis nicht nur nicht das Wichtigste, sondern für die Betrachtung der Grundschuld überhaupt ohne rechtliches Interesse [2]). Die Grundschuld ist ihrem dinglichen Charakter gemäß ein Ausschließungsrecht, durch das jedermann zur Duldung bzw. Unterlassung verpflichtet ist. Für dieses Recht hat die Zwangsvollstreckung nur die Bedeutung eines Realisierungsverfahrens. Nun ist bei der EG. — aus welchen Gründen, das mag hier dahingestellt bleiben [3]) — das Realisierungsverfahren ein anderes als bei der Gläubigergrundschuld. Der Eigentümer ist nur befugt, in der von einem Gläubiger betriebenen Zwangsversteigerung die seinem Rechte entsprechende Erlösquote zu verlangen. Das „Recht" auf Auszahlung aus dem Grundstück hat also auch er. Ob aber dieses „Recht" — der Inhalt der Grundschuld im wirtschaftlichen Sinne — in einem Falle in dem Zwangsverfahren ausgeübt wird, das der Berechtigte selbst betreibt, im anderen Falle in dem Verfahren, das ein anderer betreibt — das ist für den eigentlichen Inhalt der Grundschuld, die Ausschließung, unerheblich [4]). In der Hand des Eigentümers wie des Gläubigers ist die Grundschuld das „Recht" auf Zahlung einer Summe aus dem Grundstücke — nach ihrer wirtschaftlichen Bedeutung ausgedrückt —, sie ist Recht auf Duldung seitens Jedermann — nach ihrer juristischen Bedeutung ausgedrückt. Solange Eigentum und Grundschuld in einer Hand ver-

---

[1]) Oberneck a. a. O. S. 24.

[2]) Vergl. S. 39, 40 fg. d. A.

[3]) Vergl. hierzu Hachenburg S. 524.

[4]) Vergl. hierzu Planck Bem. 3b zu § 1177.

einigt sind, richtet sich das Ausschließungsrecht nur gegen den Eigentümer nicht, denn in dieser Richtung muß es als befriedigt gelten, im übrigen aber äußert es seine volle Wirksamkeit. Die EG. wirkt nach Maßgabe der Rangordnung gegen nachstehend dinglich Berechtigte und befugt wie jede andere Grundschuld zur Anstrengung der Devastationsklage § 1134. Daß der Eigentümer als solcher bereits die actio negatoria hat, ist kein Grund, ihm als Grundschuldinhaber die zum Teil gleichlautenden Ansprüche aus § 1134 zu versagen [1]). Das Interesse an einer derartigen Anspruchskonkurrenz zeigt sich, wenn das eine Recht nicht liquide ist. In solchem Falle könnte sich der Eigentümer mit gleichem Erfolge auf das andere Recht stützen [2]). Im übrigen ergibt sich die Anwendbarkeit des § 1134 auf die EG., argumento e contrario, daraus, daß § 1197 nur die selbständige Vollstreckungsbefugnis (§ 1147) ausschließt [3]).

Für die Annahme, daß die EG. Eigentum sei, führt Oberneck [4]) weiter an, daß die EG. dem Eigentümer nicht neue Werte verschaffe, daß ihm in der Zwangsversteigerung nichts geleistet werde, was bisher außerhalb seines Vermögens war, es werde vielmehr nur ein Bestandteil seines Vermögens in Geld umgesetzt; die EG. besage nur, daß der Eigentümer die ihm zukommenden Grundstückswerte einmal vor den Realgläubigern erhalte, während er regelmäßig hinter diesen stehe [5]) [6]).

Der Ansicht, daß die EG. dem Eigentümer wirtschaftlich nicht mehr verschaffe, als sein aus dem Eigentum entspringendes Verwertungsrecht, ist zuzustimmen [7]). Die EG. als „Vermögen" ist nur ein Teil des Vermögens, das den wirtschaftlichen Inhalt des Eigentums ausmacht [8]). Im Rechtssinne bedeutet die Grundschuld dagegen eine wesentliche Verbesserung der Lage des Eigentümers. Der Eigentümer als solcher würde von den dinglichen Rechten an die letzte Stelle gedrängt werden. Der Eigentümer als Inhaber der EG.

---

[1]) Oberneck S. 24. 3.

[2]) Hartmann S. 128. Abschnitt I b. A. S. 16.

[3]) Planck Bem. 2 zu § 1197 S. 737.

[4]) Oberneck S. 23.

[5]) Oberneck S. 25.

[6]) Protokolle II Bd. III S. 573.

[7]) Ebenso Planck S. 672 Bem. 3b zu § 1177.

[8]) Bruck S. 134; Hachenburg S. 520.

erhält die ihm zufallende Erlösquote vor anderen Realgläubigern. Rang ist eben mehr als eine bloße Grundbucheinrichtung[1]), Rang ist Rechtsinhalt[2]) in dem Sinne, daß der dinglich Berechtigte die nachstehenden Gläubiger nach Maßgabe seiner Rangstellung ausschließen darf. Dem Eigentum fehlt diese aus dem Rang begründete spezielle Ausschließungsmacht, das Eigentum müßte den nachdrängenden dinglichen Rechten weichen. Man wird also notgedrungen ein Recht, bei welchem diese Macht sich vorfindet, nicht Eigentum, sondern ein besseres Pfandrecht zu nennen haben[3]).

Oberneck[4]) führt zur Begründung seiner Theorie die Lehre vom Recht an eigner Sache an, wonach ein „Recht, das der Eigentümer aus seinen allgemeinen Herrschaftsrechten über das Grundstück zugunsten eines anderen durch die Eintragung im Grundbuch ausgeschieden hat, trotz Rückkehr in das Eigentumsrecht durch die formelle Aufrechterhaltung der Ausscheidung dem Eigentümer Vorteile an der eigenen Sache gewährt, die er vermöge seines Eigentums nicht hat, und daß einem solchen Rechte „„ein bestimmter spezifischer Zweck innewohnen kann, der demselben die Richtung gibt und seinen Inhalt noch besonders begrenzt"". Dies zeigt sich insonderheit bei dem Grundkreditrechte. Sein Zweck ist auf die Beschaffung von Kapitalien im Interesse des Eigentümers gerichtet, und dieser kann bestehen bleiben, auch wenn zunächst die Grundkreditbelastung sich mit dem Eigentume vereinigt. Insofern hat die Aufrechterhaltung des aus dem Eigentumsrechte des Eigentümers ausgeschiedenen und verselbständigten Verwertungsrechts als Recht an der eigenen Sache ihre Bedeutung, weil der Eigentümer durch den formellen Fortbestand des Rechts jederzeit in der Lage ist, das formelle in ein materielles Recht umzusetzen, sei es, daß er das Eigentum am Grundstück auf einen anderen überträgt, und das verselbständigte Verwertungsrecht zurückbehält, sei es, daß er es zur Förderung seines Realkredits und zur Befriedigung des Realkreditbedürfnisses durch Übertragung an einen Dritten verwertet. Beim Mangel dieser Umsatzbedingungen hat der Eigentümer den Vorteil, daß ihm der in der materiellrecht-

[1]) Gegen Bruck S. 134.

[2]) Gegen Gierke § 166 S. 922 Anm. 13.

[3]) Horn S. 49, 67.; Planck Bem. 2 zu § 889.

[4]) S. 22 fg.

lich untergegangenen Hypothek des Dritten enthaltene Wertteil des Grundstücks mit dem bisherigen Range erhalten bleibt und bei der nur auf Betreiben eines Dritten möglichen Zwangsversteigerung (§ 1197 BGB.) gegenüber nachstehenden Realberechtigten vor diesen zugute kommt." O b e r n e c k teilt in diesen Ausführungen, in denen er von einer Ausscheidung eines Wertteils aus den allgemeinen Herrschaftsrechten des Eigentümers spricht, mit der herrschenden Meinung die Vorstellung, daß die den Inhalt der begrenzten dinglichen Rechte ausmachenden Befugnisse aus dem Eigentum abgeleitet seien, daß diese Befugnisse in das Eigentum zurückkehren und in ihm spurlos aufgehen, wenn das dingliche Recht gelöscht wird, dagegen ihrem formellen Bestande nach erhalten bleiben, wenn Eigentum und dingliches Recht in derselben Person zusammentreffen. Das formelle Fortbestehen soll dann genügen, um dem Eigentümer die Vorteile zu gewähren, die er als solcher nicht hat. Zur Erwiderung auf diese Ansicht müssen wir auf die Ausführungen des ersten Teils der Arbeit zurückgreifen.

Die Lehre von der Ableitung der begrenzten dinglichen Rechte ist falsch. Die begrenzten dinglichen Rechte sind nie Eigentumssplitter. Das begrenzte dingliche Recht entsteht und besteht unabhängig vom Eigentum. Das Vorhandensein eines Eigentümers ist für ihre Entstehung zwar regelmäßig aber nicht grundsätzlich, für ihre Fortdauer nie erforderlich. Sie haben selbständigen Rechtsinhalt. Kollidieren sie mit dem Eigentum, so beschränken sie das Eigentum, aber nicht weil sie ihm Rechtsbefugnisse entnahmen, sondern weil sie zum Teil dieselben enthalten und nach den Grundsätzen der Rangordnung zwischen Eigentum und begrenztem dinglichen Recht das Eigentum zurücktreten muß. Erwirbt der Eigentümer das begrenzte dingliche Recht, so hat er zwei Rechte an der Sache. Die logische Möglichkeit hierfür lag in der begrifflichen Begrenztheit des Eigentums. Die dem Eigentümer aus der Vereinigung von Eigentum und dinglichem Recht in seiner Person erwachsenen Vorteile gewährt das Recht nicht durch seinen formellen Fortbestand, sondern durch seine eigenste materiell-rechtliche Wesensart als Ausschließungsrecht, das Funktionen hat, die dem Eigentum fehlen. Was heißt überhaupt „formeller Bestand eines Rechts?" Etwa die Buchnotiz in der dritten Abteilung? Soll eine Rechtsform der Rechtstitel dafür sein können, daß der Eigentümer über die freigewordene Post verfügt, die Devastationsklage anstrengt, nachstehende Gläubiger vom Grundstückserlöse vielleicht ganz ausschließt, jedenfalls aber verdrängt [1]). Wäre nicht die natürlichere Schlußfolgerung, daß der, welcher sämtliche Befugnisse eines Rechts auszuüben in der Lage ist, auch Subjekt des Rechts ist? Und weiter, wie kann ein Recht seinen Rechtsgrund materiellrechtlich im Eigentum, formellrechtlich in der Grundbucheinrichtung haben [2])? M. E. gehört die Frage nach dem Rechtsgrunde ausschließlich dem materiellen Rechte an. Der Rechtsgrund kann im Gesetz oder im schuldnerischen Willen liegen, aber nie in einer Buchnotiz. Es gibt nur zwei Möglichkeiten: steht für den Eigentümer eine Grundschuld eingetragen, so steht er dort in seiner Eigenschaft als dinglich Berechtigter, nicht als Eigentümer. Andernfalls — nach der Wertparzellentheorie — steht der Inhalt des Grundbuchs (die Bezeichnung des Eigentümers als Grundschuldberechtigten) mit der wirklichen Rechtslage nicht im Einklange, der nachstehende Realberechtigte wäre durch die Eintragung einer nicht bestehenden Belastung beeinträchtigt und könnte aus § 894 gegen den fälschlicherweise als Realgläubiger eingetragenen Eigentümer auf Berichtigung klagen.

Die Bezugnahme auf den Wert, die einseitige Betonung der Wertaneignungsfunktion des Eigentums und der Grundschuld genügt nicht zur juristischen Erfassung dieser Rechte. Es soll der Wertparzellentheorie nicht bestritten werden, daß die Grundschuld ein Wertrecht ist. Aber damit ist sie nicht charakterisiert. Auch die sogenannten Substanzrechte sind Wertrechte, jedes dingliche Recht ist im wirtschaftlichen Sinn Wert, Vermögen. Daß bei den Grundpfandrechten die Werte zahlenmäßig erscheinen, bei den Substanz- oder Sachgebrauchsrechten nicht, ist kein wesentlicher Unterschied. Vom Rechtsstandpunkte interessiert nur die Frage: wer ist aus dem Recht verpflichtet, einer oder alle [3])? Aber auf diese Frage geht die Wertparzellentheorie überhaupt nicht ein.

---

[1]) Horn S. 50. Vergl. insbesondere die Ausführungen von Goldschmidt in Kohlers Archiv für bürg. Recht, Bd. 20 S. 26 über die Überschätzung des formalen Moments der Eintragung.

[2]) Oberneck S. 24.

[3]) Schloßmann, Vertrag S. 268.

§ 9. Gierke[1]) stellt an die Spitze seiner Ausführungen über das Wesen der Eigentümergrundschuld folgende bezeichnende Formulierung des Problems:

„Steht dem Eigentümer ein besonderes Recht an der Sache zu? Dann ist das Eigentum nicht mehr das die Sache im ganzen ergreifende Recht, in dem alle Sachherrschaft, die den Stoff begrenzter dinglicher Rechte bilden kann, begrifflich enthalten ist. Handelt es sich also um einen Teilinhalt des Eigentums? Dann ist das Eigentümergrundpfandrecht überhaupt kein besonderes Recht oder mindestens kein Grundpfandrecht." Die Lösung des Problems glaubt Gierke in der Unterscheidung der subjektiven und objektiven Seite der Rechtsverhältnisse zu finden. Die EG. hat nach Gierke einen objektiven und einen subjektiven Bestand. Dem subjektiven Bestande nach ist sie Eigentum, dem objektiven Bestande nach ist sie Grundschuld. Sie ist Eigentum, weil dem Eigentümer die Befugnisse, die ein begrenztes dingliches Recht gegen den Eigentümer begründet, nicht gegen sich selbst zustehen können, und weil der Eigentümer mit der EG. Dritten gegenüber keine sachenrechtliche Macht erlangt, die er nicht auch als Eigentümer hätte. Sie ist Grundschuld, insofern der aus dem Eigentum ausgeschiedene und durch den Grundbucheintrag „vergegenständlichte" Teilinhalt eine selbständige Existenz führt. Die EG. gleicht in ihrem objektiven Bestande der Forderung aus dem Inhaberpapier, das in die Hand des Schuldners gelangt ist. Wie hier die Forderung im Papier, so ist bei der EG. das Recht im Grundbuch verkörpert und wird, wenn Recht und Pflicht in einer Person zusammentreffen, in seiner objektiven Existenz nicht berührt, in seiner subjektiven Existenz zum Ruhen gebracht. Die Aufrechterhaltung der objektiven Seite hat zur Folge, daß der Eigentümer einen Teil seines Grundvermögens in Gestalt einer Grundschuld innehat und über diesen nach Pfandrechtsgrundsätzen verfügen und ihn zurückbehalten kann, wenn er das Grundeigentum aufgibt. „Eine dingliche Schuld des Eigentümers gegen sich selbst besteht nicht. Allein es ist ein objektives Verhältnis hergestellt, kraft dessen das Grundstück mit einer Schuldträgerschaft belastet und die entsprechende Rechtsträgerschaft mit dem ausgeschiedenen Wertteil verknüpft ist." [2])

[1]) Deutsches Privatrecht S. 921 § 166.

[2]) Gierke S. 923.

Wir beginnen mit der Betrachtung der subjektiven Seite der EG. Nach Gierke ist die EG. in dieser Richtung Eigentum, weil dem Eigentümer die Befugnisse, die eine Grundschuld gegen den Eigentümer begründet, nicht gegen sich selbst zustehen könnten. Diese Befugnisse sind eine dingliche Schuld des jeweiligen Grundeigentümers, für die nur mit Mitteln des Grundstücks gehaftet wird [1]). Nun hält Gierke aber, wie die vergleichsweise Heranziehung des Inhaberpapiers zeigt, eine persönliche Forderung, die dem Eigentümer gegen sich selbst zusteht, für möglich. Die Forderung ruht zwar, aber immerhin ist sie doch vorhanden. Also die Befugnisse, die eine persönliche Schuld gegen den Eigentümer begründet, sollen dem Eigentümer gegen sich selbst zustehen können; warum sollen ihm nicht auch die Befugnisse, die eine dingliche Schuld begründet, gegen sich selbst zustehen können? Im ersten Falle ist das Gläubigerrecht im Papier vergegenständlicht und es wird unbeschränkt gehaftet, im zweiten Falle ist das Gläubigerrecht im Grundbuche vergegenständlicht und es wird beschränkt (gegenständlich beschränkt) gehaftet. Der Schuldner aus der persönlichen Schuld soll aus seinem Vermögen, der Schuldner aus der dinglichen Schuld soll aus dem Grundstück leisten. Was ist der prinzipielle Unterschied? Da Gierke eine Schuld in der Grundschuld sieht, müßte er auch bei ihr ein Zusammentreffen von Gläubigerrecht und Schuld in der Weise für möglich halten, daß wie beim Inhaberpapier ein Ruhen des Rechts einträte. Auch nach unserer Ansicht ist die Grundschuld eine „Schuld", eine Pflicht, nur eben nicht im Sinne von Pflicht zur Zahlung einer Geldsumme, sondern von „Pflicht zur Unterlassung". Treffen Eigentum und Grundschuld zusammen, so besteht die Unterlassungspflicht des Eigentümers fort, aber im Zustande der Ruhe. Sie ruht, weil sie durch Unterlassung als befriedigt gelten muß, oder besser: weil ein Zuwiderhandeln gegen sie praktisch unmöglich ist. Daß sie nicht untergegangen ist, zeigt sich, sobald der Eigentümer eines seiner Rechte abtritt. Alsdann lebt der Unterlassungsanspruch ohne weiteres zu voller Wirksamkeit auf. Nur darin liegt der Unterschied zwischen der im Inhaberpapier verkörperten Leistungsschuld und der im Grundbuche verkörperten Unterlassungsschuld. Im Falle der Vereinigung der Sub-

---

[1]) Gierke S. 852 fg. § 158.

jekte bleibt von der „Schuldner-Inhaberschuld" nichts übrig, denn die Inhaberforderung erschöpft sich in der ruhenden Rechtsbeziehung, in der Eigentümergrundschuld dagegen ruht nur eine von unendlich vielen Rechtsbeziehungen, nur die Unterlassungspflicht des Eigentümers, die aller übrigen besteht weiter [1]).

Was die von Gierke aufgestellte Behauptung angeht, daß die EG. dem Eigentümer keine Macht verleihe, die er nicht schon als Eigentümer habe [2]), so verweisen wir auf unsere Ausführungen darüber [3]), daß der Rangstellung ein subjektives Recht entspricht, ein Ausschließungsrecht, das sich speziell gegen die nachfolgenden Realberechtigten richtet, und daß ein solches Recht im Eigentum nicht enthalten ist.

Die Unterscheidung von subjektivem und objektivem Bestande deckt sich mit der von materiellem und formellem Bestand der Grundschuld. Oberneck wie Gierke haben die irrige Auffassung, daß alle Rechtsmacht bereits im Eigentum enthalten und daher die EG. nur ein Teil des Eigentumsinhalts sei. Um nun eine Reihe von Erscheinungen an der EG. unterzubringen, die sich mit dem maßgebenden Inhalt der EG., ihrem subjektiven oder materiellen Bestande nicht vertragen, machen sie aus der EG. ein Doppelwesen, das außer seiner eigentlichen Natur noch eine Scheinexistenz, einen formellen oder objektiven Bestand hat. Wir verweisen auf die Bedenken, die wir gelegentlich der Besprechung der Wertparzellentheorie gegen die Bedeutung des Bucheintrages als Rechtsgrundes geltend gemacht haben [4]), und halten sie auch gegenüber der Gierkeschen Theorie aufrecht. An dieser Stelle wollen wir versuchen, Widersprüche in der Gierkeschen Theorie nachzuweisen, die auf die Unterscheidung von objektivem und subjektivem Bestand der EG. zurückzuführen sind.

Gierke verglich, wie wir sahen, die EG. in ihrem objektiven Bestande mit dem in die Hand des Schuldners gelangten Inhaberpapier. Wir haben die Parallele durchgeführt und gezeigt, daß die persönliche Forderung ganz, das dingliche Recht zum Teil ruht, daß aber beide in vollem Umfange vorhanden sind. Gierke spricht vom Ruhen des Rechts in demselben Sinne. Er hebt besonders

---

[1]) Vergl. Windscheid-Kipp § 65 S. 302, insbesondere Anm. 5.

[2]) S. 54 d. A.

[3]) S. 51 d. A.

[4]) S. 53 d. A.

hervor[1]), daß in dem objektiven Bestande der EG. die dingliche Schuld ruht (also vorhanden ist), die persönliche Schuld des Grundeigentümers fehlt. Dem subjektiven Bestande nach soll die EG. aber doch Eigentum sein. Was ist nun eigentlich maßgebend für die EG.? das den subjektiven Bestand ausmachende vollwirksame Eigentum oder die im objektiven Bestande ruhende dingliche Schuld? Beides sind nach Gierke subjektive Rechte[2]). Aber ein subjektives Recht kann es in der EG. doch nur geben!

Nehmen wir an, daß in dem objektiven Bestande der EG. eine subjektive Pfandschuld nicht nur ruht, sondern überhaupt fehlt, so hätten wir ein rein objektives Schuldverhältnis ohne jede subjektive Beimischung, und der eben gemachte Einwand wäre beseitigt. Zu diesem objektiven Schuldverhaltnisse gibt es nach Gierke nicht Gläubiger und Schuldner, sondern „Rechtsträgerschaft" und „Schuldträgerschaft". Rechtsträger ist der Wertteil, Schuldträger das Grundstück. Mit diesem Wertteil „hat der Eigentümer einen abgesonderten Teil seines Grundvermögens in Pfandrechtgestalt inne." Da der Eigentümer nicht Subjekt des Pfandrechts sein soll, so bleibt nur übrig, daß er ihn als Eigentümer „inne" hat. Wenn aber jemand Eigentum an einem Wertteil hat, und dieser Wertteil die Form eines Pfandrechts hat, so ist er Eigentümer eines Pfandrechts, und da das Bürgerliche Recht Eigentum an Rechten nicht kennt, so ist er Subjekt des Pfandrechts. Das kann aber nicht richtig sein, denn der Eigentümer ist nach Gierke auch als Inhaber der EG. nicht mehr als Eigentümer. Die von Gierke vorgeschlagene Unterscheidung von subjektivem und objektivem Bestande bringt nicht nur keine Lösung des Problems, sondern sie verwickelt es in weitere Schwierigkeiten. Bestand eines Rechts ist immer sein subjektiver Bestand. Recht ist Wille, Willen können nur Personen, nie Objekte haben. Man kann die Person eines Berechtigten nicht wegdenken, ohne die Idee des Rechts zu zerstören. Darum muß m. E. diese Theorie versagen, die etwas anderes als Personen zu Rechtsträgern macht.

§ 10. Die Wertparzellentheorie steht der Lösung des Problems am fernsten, da sie nur Eigentum in der EG. findet, die Gierkesche

[1]) S. 923 Anm. 18.

[2]) .... es wird .... durch die buchmäßige Vergegenständlichung einem objektiven Schuldverhältnisse Wirksamkeit verschafft, während das subjektive Schuldverhältnis ruht. Gierke S. 923.

Theorie nähert sich ihm insofern, als sie Eigentum und Grundschuld in ihr erblickt. Die nächste Stufe erreicht Hachenburg[1]) zur Hälfte, wenn er die EG. ein unvollkommenes Grundpfandrecht sein läßt.

Dieses Resultat hängt aufs engste mit Hachenburgs Auffassung von der Hypothek zusammen. Nach Hachenburg ist die Hypothek des Bürgerlichen Gesetzbuchs unabhängig vom Bestehen einer Forderung. Das folge aus § 1163. Wenn jemand die Hypothek erwerben könne, obgleich die Forderung erloschen sei, so müsse die Forderung entbehrlich sein. Die Forderung habe aufgehört Essentiale der Hypothek zu sein, sie habe nur noch die untergeordnete Bedeutung, den Gläubiger zu bezeichnen[2]). Gebe es überhaupt keinen Gläubiger, so bestehe, wie § 1163 zeigt, die Hypothek zu Recht, aber sie gehöre dann dem Eigentümer des Grundstücks. In der Hand des Eigentümers liege es, ob er dieses Recht behalten oder wieder mit einer Forderung versehen und dadurch zur Gläubigerhypothek machen will. § 1198. Das sei dann keine Neubegründung der Hypothek. „„Gerade hieraus ergibt sich aber das für sie charakteristische Moment. Ihr fehlt der Dritte als Gläubiger. Sie ist eine Hypothek. Aber der Eigentümer kann sie nicht ausüben." Ihre Unterscheidung von der in § 1113 definierten Hypothek besteht darin, daß ihr ein Teil mangelt. Es fehlt ihr an demjenigen, „„zu dessen Gunsten die Belastung erfolgt."" Der, zu dessen Lasten sie geschieht, ist in der Person des Eigentümers gegeben. Es fehlt am Rechtssubjekt. Das Rechtsobjekt ist vorhanden. Sie ist also nicht etwa eine besondere Modifizierung der Hypothek, die durch irgendeine besondere Beifügung der im Gesetze als Normalform gedachten Gestalt abweicht, sondern ein Teil der Hypothek, eine unvollkommene Hypothek, die erst der Vollendung durch Hinzutritt der aktiven Seite des Rechts harrt. Die Eigentümerhypothek bedeutet den Eintritt der Verpflichtung ohne gleichzeitigen Eintritt der Berechtigung, die Bindung der Sache durch den Eintrag ohne die Verbindung mit einer begünstigten Person."

Die Hachenburgsche Theorie steht und fällt mit der Behauptung, daß das Bürgerliche Gesetzbuch gesetzlich Hypotheken ohne Forderungen kenne. Im § 1113 wird die Hypothek als eine Grundstücksbelastung von der Art definiert, „daß an denjenigen, zu dessen Gunsten die Belastung erfolgt, eine bestimmte Geldsumme zur Be-

[1]) Vorträge S. 522 fg.

[2]) Hachenburg S. 511; Protokolle Bd. III S. 623.

friedigung wegen einer ihm zustehenden Forderung aus dem Grundstück zu zahlen ist." Da steht das Gegenteil. Im § 1191 wird die Grundschuld abzüglich der Worte „zur Befriedigung wegen einer ihm zustehenden Forderung" ebenso definiert. Wenn aber die Forderung in der Hypothek unwesentlich ist, warum schafft das Gesetz dann ein weiteres Rechtsinstitut, das sich mit der Hypothek ohne Forderung in jeder Beziehung deckt? Würden schon diese Gründe genügen, um Hachenburg zu widerlegen, so fällt bei näherer Betrachtung auch sein Hauptargument. Die „Hypothek" des § 1163 ist nämlich gar keine Hypothek[1]). Diese „Pseudo-Hypothek"[2]) ist eine Belastung, die in der Annahme, daß die Forderung zur Entstehung gelangt sei (§ 1163 Abs. 1 S. 1) schon mit dem Namen „Hypothek" im Grundbuche eingetragen worden ist, oder noch als „Hypothek" eingetragen ist, weil einst eine Forderung bestanden hat (§ 1163 Abs. 1 S. 2). Ebenso ist es im Falle des Abs. 2. Die Hypothek entsteht überhaupt erst mit der Begebung des Briefes § 1117, es dürfte also korrekterweise nicht von einer „Hypothek" gesprochen werden, die mangels Begebung des Briefs dem Eigentümer zusteht. Wenn hier die an den Eigentümer fallende Belastung trotzdem „Hypothek" genannt wird, so ist an die Fälle zu denken, in denen von einer nicht bestehenden „Belastung" § 894 oder von einem nichtigen „Rechtsgeschäft" § 140, die Rede ist. Insbesondere § 140 deckt sich terminologisch genau mit § 1163. Ist ein „Rechtsgeschäft" nichtig, entspricht es aber den Erfordernissen eines anderen, so gilt unter bestimmten Voraussetzungen das andere. In entsprechender Formulierung würde § 1163 etwa lauten: Ist die „Hypothek" nichtig mangels einer Forderung oder mangels Begebung des Briefes, so steht die in der nichtigen „Hypothek" enthaltene gültige Grundschuld dem Eigentümer zu. Dem „Rechtsgeschäft" in § 140 und der „Hypothek" in § 1163 geht es wie dem „Gold" des Berthold Schwarz. Keines wurde, was es sollte, dafür aber etwas anderes, und das war auch brauchbar. Aus dem Gesagten ergibt sich, daß aus der Fassung des § 1163 nichts für die materielle Natur der Hypothek gefolgert werden darf und also die Hachenburgsche Lehre auf einem Trugschluß beruht. Immerhin bedeutet es einen Fortschritt gegenüber Oberneck und Gierke, daß Hachenburg überhaupt eine

[1]) Goldschmidt, Kohlers Archiv für bürg. Recht, Bd. 20. S. 29.
[2]) Cosack § 225 Bem. 3b.

Belastung, wenn auch nur eine unvollkommene anerkennt. Nur insofern bleibt er, wie Horn [1]) treffend bemerkt, auf halbem Wege stehen, als er sich noch nicht entschließen kann, den Eigentümer zum Subjekt der Belastung zu machen. Er behilft sich mit Ausdrücken wie: die Eigentümerhypothek steht „zur Disposition des Eigentümers" oder sie „gehört[2]) dem Eigentümer", ohne sich darüber auszulassen, welcher Art dieses Verfügungsrecht ist. Es mag dahingestellt sein, ob es subjektlose Rechte gibt, bei der EG. scheitert die Annahme jedenfalls an deren Pfändbarkeit. Die ZPO. kennt wohl die Pfändung eines Rechts ohne Schuldner (§ 857 Abs. 2), aber Pfändung von Rechten ohne Gläubiger ist nicht vorgesehen. Angesichts der Pfändungsfrage müßte Hachenburg sich also doch entscheiden, welcher Art die Verfügungsbefugnis des Eigentümers über die herrenlose Hypothek ist. In jedem Falle aber wäre es mit der Subjektlosigkeit der Eigentümerhypothek zu Ende.

§ 11. Fassen wir zum Schluß noch einmal die Grundzüge unserer Ansicht zusammen: Die Eigentümergrundschuld ist eine vollwertige Grundschuld. Ihrer Konstruktion steht der Begriff des Eigentums nicht im Wege, denn das Eigentum ist begrenzt, es gestattet also, daß der Eigentümer neben ihm Rechte anderer Art an der Sache hat. Ihrer Konstruktion steht ferner der Begriff der Grundschuld nicht im Wege, denn die Grundschuld ist keine Schuld des Grundeigentümers, sondern ein dingliches Recht auf Zahlung einer Geldsumme aus dem Grundstücke. Sie richtet sich als solches gegen Jedermann, nicht speziell gegen den Grundeigentümer. Die EG. unterscheidet sich von der Gläubigergrundschuld nur in einem Punkte. Die Gläubigergrundschuld befugt zu selbständiger (§ 1147), die EG. nur zu unselbständiger Zwangsbeitreibung der Summe (§ 1197). In ihrer juristischen Struktur ist die EG. darum nichts anderes als die Gläubigergrundschuld. Prüfstein für Rechte kann nur die Frage sein: gegen wen richtet sich das Recht, gegen einen oder gegen alle? Und hierauf lautet die Antwort bei EG. und Gläubigergrundschuld gleich, nämlich: gegen alle. Die Rechte zeigen eine Verschiedenheit nur auf die Frage: wie kommt ihr wirtschaftlicher Inhalt zur Hebung? Ob aber hier die Antwort lautet: im Wege selbständiger Beitreibung, der: im Wege unselbständiger Beitreibung, ist unerheblich.

---

[1]) S. 46.

[2]) Hachenburg S. 525.

Bei Fragen zur Produktsicherheit wenden Sie sich bitte an:
If you have any questions regarding product safety,
please contact:

Walter de Gruyter GmbH
Genthiner Straße 13
10785 Berlin
productsafety@degruyterbrill.com